踏歌而行

—— 一群教育人的跑步故事

黄向伟等 著

外语教学与研究出版社
北京

图书在版编目（CIP）数据

踏歌而行：一群教育人的跑步故事 / 黄向伟等著. -- 北京：外语教学与研究出版社，2024.1
ISBN 978-7-5213-4992-4

I. ①踏… II. ①黄… III. ①跑－健身运动－通俗读物 IV. ①G822-49

中国国家版本馆 CIP 数据核字 (2023) 第 245908 号

出 版 人	王　芳
责任编辑	赵雅茹　张路路
责任校对	易　璐
装帧设计	刘　爽
出版发行	外语教学与研究出版社
社　　址	北京市西三环北路 19 号（100089）
网　　址	https://www.fltrp.com
印　　刷	北京盛通印刷股份有限公司
开　　本	889×1194　1/32
印　　张	10
版　　次	2024 年 1 月第 1 版　2024 年 1 月第 1 次印刷
书　　号	ISBN 978-7-5213-4992-4
定　　价	59.00 元

如有图书采购需求，图书内容或印刷装订等问题，侵权、盗版书籍等线索，请拨打以下电话或关注官方服务号：
客服电话：400 898 7008
官方服务号：微信搜索并关注公众号"外研社官方服务号"
外研社购书网址：https://fltrp.tmall.com

物料号：349920001

献给中国教育工作者！
祝每一位教育人健康工作，幸福生活！

策划组
（按姓氏笔画排序）

王　芳	史燕来	吕雄伟	刘　宇
刘月霞	刘华蓉	杨　丹	张人文
范文霞	郭　华	黄向伟	滕　珺

目录

V 序 最美的跑团 　　　　　　黄向伟

1 跑起来，就有风

2　跑出风和海岳　　　　　　　刘华蓉
15　跑步让我们成为孩童　　　　黄向伟
21　"菜鸟"也能飞起来　　　　　刘月霞
28　越跑越美好　　　　　　　　郭　华
40　跑着看世界　　　　　　　　滕　珺
49　不为"RUN"，只为"FUN"　　史燕来
58　一个人的马拉松　　　　　　李　明
64　跑步的味道　　　　　　　　王红军
72　奔跑是格外美妙的事　　　　王　伟
79　跑着跑着，花就开了　　　　杨文芝

2 跑步是一种修行

88	与时间做朋友	王　芳
97	在运动中舒展生命	张志勇
103	365 天不间断	杨慧文
108	跑出健康快乐	张人文
115	我的第一个半马	范文霞
120	追光而行	李　晶
130	身心皆悦自在跑	任春荣
135	累了就奔跑	董红军
142	跑步的涟漪	杨　艳
150	遇见更好的自己	刘艳凯

3 跑出教育之美

160	我跑故我在	石中英
166	从一个人跑到一群人跑	杨 丹
173	跑步延展了我的教育人生	朱建民
182	跑团里的教与学	王海霞
192	距离中的秘密	朱继文
200	培育精神花园	刘 谦
206	"跑渣"变形记	张东升
217	跑步的三种意涵	吴艳梅
224	陪伴的力量	骆 斌
230	你永远不知道自己可以跑多远	吕雄伟

4 奔跑人生，持久者强

236	足履世间山河	赵福明
244	跑步帮我获得新生	刘 宇
251	为爱狂奔	魏振水
257	耳顺之年爱上跑步	陈秀珍
264	成为自己的导航者	张 岩
270	跑步让人永葆年轻	张爱志
274	50 岁开始跑步	冯蔚星
280	从体育差生到跑步教练	公 平
286	跑步是一种生活方式	张建生
292	行至绝境再重生	黄良进

序 最美的跑团

□ 黄向伟

时间：每周日清晨
地点：北京奥林匹克森林公园（简称"奥森"）
人物："教育创新跑团"成员

当身穿红色运动服、年龄不等的跑团成员们三三两两会聚到一起，我会准时发出口令："开始热身啦！"大家就自觉地两人一组，排队慢跑，再由专业的教练带领做正式跑步前的热身动作——通常是北京马拉松协会会长赵福明（九霄）先生带领大家热身，偶尔也由跑团里的有证教练公平和我这个无证教练作为替补。热身后，跑团秘书会拿出团旗，集体合影。接下来，大家按照不同配速（每公里所需时间）自动进组，排队跑进奥林匹克森林公园这个全球十大跑步圣地。

此时的奥森里几乎都是跑步的人，充满着生命的活力！几乎所有人都会被这种氛围感染，或被动或主动地迈开双腿，融入跑步的人流中，加油声此起彼伏。奥森里有很多跑团，团服各异，而我们的红色团服尤为耀眼、引人注目。我们集体出发，两人一组排成队形，按照不同配速逐渐拉开距离。大家脸上洋溢着欢快的笑容，交流着，跑动着，跑出流动的美，像是一道道亮丽的风景线。归来后是补充水分、专业拉伸、短暂畅谈、告别散去；偶尔的集体早餐，则成为大家极为享受的欢聚盛宴。

这个大家庭一样的跑团，是我和中关村互联网教育创新中心主任杨丹在2018年共同发起的，最早叫"互联网教育跑团"，后来北京马拉松协会成立教育分会，我被选举为分会会长，跑团也更名为"教育创新跑团"。几年来，跑团规模越来越大，活动越办越好，人心越来越凝聚。大家让我做团长，据说还要终身制。受宠若惊之余，我不敢有丝毫怠慢。在众多社会职务中，"团长"是我特别在意且尽职履责的职务。

赵福明会长不止一次说过，教育创新跑团是北京最好的跑团。引以为傲的同时，我想，把赵会长评价中的"最好"改成"最美"，也许更为贴切。好的标准难以统一，美的定义则存乎人心。我们的跑团，可以说人人都拥有有趣的灵魂。在互相的碰撞交流中，在年复一年的坚持中，大家不但获得了健康工作、健康生活的力量，而且对自我、他人和世界有了新的认知，对所从事的教育事业有了新的感悟和动力。我们以更好的状态投入工作，拥抱生活，每个人都跑成了自己的太阳，大家的精气神，美得光芒四射。

我们的跑团成员主要来自教育界，有教育部门的领导、行业专家、大学教授、名校校长、教研员以及教育领域的创业者等等，可谓精英荟萃，大咖云集。但在跑团里，每个人只有一个身份——热爱生活、喜欢运动的跑者。这些人分别在不同的配速组找到了自己的位置，共同组成了京城最美跑团。精彩的人产生精彩的故事，跑团的故事很多，这个有凝聚力的欢乐大家庭也让大家乐于分享，这群教育人的跑步故事不仅感动、感染了团友们，也打动了很多团外人：

作为2022年最佳领队的王芳社长，是配速730（每公里用时7分30秒）组的领队。加入跑团后，她不仅自己坚持跑步，成为最优秀的领跑者，而且影响了周围的同事和朋友，带动外研集团组建了900多人的跑团。在京城团体跑步赛事中，外研跑团的跑量总是名列前茅。跑步已经不是王芳社长一个人的事，它还深深影响了外研集团的企业文化，让已是业内翘楚的外研集团更有活力，生生不息，日新月异。

王芳社长加入跑团的推荐人是刘华蓉博士，土家族的北大博士后。她在耶鲁大学做访问学者时开始尝试跑步，但并没有感受到跑步的乐趣。回国加入跑团后，她完成了人生第一个5公里，从此开始坚持并爱上跑步。她的跑步经历和影

∨ 黄向伟 摄

响力吸引了很多人，跑团一半以上的人都是她的"下线"或"再下线"。大家都尊称她"政委"。——予人玫瑰，手有余香。我想，任何组织里都应该有这样的"影响者"。

"政委"最早的"下线"之一是跑团副团长、中国教育学会国际教育分会张东升秘书长。东升是一位美声歌唱家，几年来，他稳稳地跑在830组队头，随和的性格让刚加入跑团的人感到温暖熨帖。每隔一段时间，他又会默默目送新人进阶到730组，无怨无悔，佛系如初，成为跑团的"定海神针"。为了鼓励大家跑步，我曾坚持每天在跑团微信群里给跑步打卡的人日送一句"团长金句"，保证每天不重样。后来几位副团长接力并逐渐发扬光大，轮值到东升这里，"金句"发展成每天几百字的"小作文"。日复一日的坚持，工作量极大。正是从这样的甘于付出中，我们可以看到他对跑步的认同、对跑团的情感以及对教育的思考。

像这样的奉献精神已成为教育创新跑团的传统，负责最辛苦、最琐碎的服务保障工作的跑团秘书郭小川就是其中的典型。小川是一位专业健身教练，魁梧的身躯蕴藏着无限能量。他义务服务跑团，勤勤恳恳地做好保障工作。从夏天的西瓜到冬天的热姜茶，从跑团装备的选择与定制到大型活动的组织保障，很难想象这些工作都被这位彪形大汉安排得细致妥当。无论是每周日的常规活动，还是教育半马这样的特殊活动，背后都少不了小川的身影。他无怨无悔的付出，既是出于对跑步的热爱，也是出于对跑团这个大家庭的真挚情感。

再比如和我联合发起成立跑团的杨丹主任，无论是绕道接送人，还是做新人的陪跑，她总是一马当先。为了帮助新人，跑团采取"分层教学"方式——不同配速、不同距离，总有一款适合你，同时，会有专人陪跑。每当有新人加入，就会有人自动站出来，牺牲自己的时间、降低运动强度去带新人。杨丹每周都会问我：今天有新人吗？这样的陪跑方式让人感动，也是一种很好的激励方式，能够帮助新人突破自己，爱上跑步。在这样团结昂扬的氛围里，相互支持与帮助已经成为跑团每个人的习惯。

教育创新跑团可说不负"教育创新"之名，在跑道上抒写着新形式的教育故事。最近几年，跑团里还多了一些学生面孔，有家长带孩子来的，有校长带学生来的。甚至一些"问题学生"在参加跑团活动后，明显改变了，变得越来越优秀。

优秀的人聚在一起互相砥砺，总能不断传来鼓舞人的好消息：王校长完成了人生第一个全程马拉松；朱校长减肥20多斤，所有体检指标都正常了；石院长身材越来越好；齐院长虽然年近70，跑步却越来越轻松；清华大学的李教授和北师大的滕教授分别获得"长江学者""青年长江学者"称号；北师大郭教授又出新书了；曾教授喜获国务院特殊津贴；中国特色高品质学校建设国际会议上，跑团9位专家出席并演讲；中国教育学会第九次会员代表大会召开，跑团团员当选常务副会长、副会长、常务理事、理事等；跑团里的全国政协委员，北京市、区政协委员及人大代表认真履职尽责……

这些爱教育、爱思辨、有思想、有能力的人，因为跑步聚在一起。跑步改善了很多人的健康状况，也改变了他们的工作、生活方式。现在，大家出差时都习惯带着跑鞋和运动服，每到一地都要跑步。跑团的足迹不仅遍布国内，也延伸至全球各地：英国伦敦、美国纽约中央公园、新加坡、南非、瑞典、澳大利亚、日本……，跑团红红的团服像一朵朵盛开的鲜花，四处绽放。

更重要的是，一群教育人在这里相互影响、相互支持，激发了更多正能量。每周的跑团活动就是一次大家共同期待的嘉年华。"为祖国健康工作50年""在挑战一个个小目标中完善自己""不怕艰难，做到最好"……，这种氛围在不断扩散，校长影响老师，老师影响学生，学生带动家长。都说身教大于言传，在跑动中感受，在跑动中思考，在跑动中感染别人，也许，这就是一种绝好的教育方式吧。

跑团的故事还有很多很多，想要分享这些激励人心的正能量感悟和故事，正是本书的缘起。从万事开头难的"跑起来"，到在跑步中不断精进、修行，再到感悟跑步中的教育之美，最终让跑步融入自己的人生,这是跑团人共同的心路历程,本书的章节编排也体现了跑步的这种韵律和节奏。

和热爱跑步的人相处,如沐春风,成为我幸福感的一部分。林语堂在《苏东坡传》里有一段形容苏东坡的话:"他的精神在下一辈子,则可成为天空的星、地上的河,可以闪亮照明,可以滋润营养,因而维持众生万物。"我希望教育创新跑团的精神在这辈子就可以成为天空的星、地上的河,可以闪亮照明,影响更多努力生活、不懈奋斗的人。

最美的跑团,聚是一团火,散是满天星。

1

跑起来,就有风

@ 今日跑步人

《咏廿四气诗》有"寒露惊秋晚,朝看菊渐黄"佳句。寒露意味着深秋到来,天气转凉,正是跑步好时光。晨跑可观赏"碧云天,黄叶地,秋色连波,波上寒烟翠",下午跑步能感受"栖鸦流水点秋光,爱此萧疏树几行",日暮跑步更有"树树皆秋色,山山唯落晖"。还犹豫吗?明天开始去跑步赏秋吧!

跑出风和海岳

□ 刘华蓉

> 世事沧桑心事定,胸中海岳跑中飞。迈开双腿,脚步踢踏,鼓勇向前,是一种看似粗糙但是现在的我更喜欢的活法。

为什么会跑步呢?即使在跑步3年多后,我还会不断面对这个问题。学生时代总是担忧800米测试通不过的我,能喜欢上跑步,不仅让很多熟悉的朋友惊讶,也出乎自己所有的预设和想象。跑步让我打破了自己人生中的不可能。

跑步让人分泌某种物质增加幸福感、跑步改变中年人生曲线、跑步健身健心、跑步塑造成年人的童话……,这些都可以是一个人去跑步的理由。而我,在坚持每周跑步两三次之后,才真正感受到了跑步乃至体育运动带给一个人的快乐和意义,重新体认了体育对于教育的重要性。跑步给我带来的既有简单的快乐,也有深刻的感触。

遇上对的人，做了对的事

2018年，受到张伯苓先生53岁去哥伦比亚大学留学的激励，马上到知天命之年的我申请去美国访学——后来才发现自己记错，张伯苓先生是41岁赴美。很庆幸这个美丽的错误激励了我，使我乐观地认为即使自己年近50，还有继续成长、变得更好的可能。2019年终于成行，在耶鲁大学重新过回单身的学生生活。

在耶鲁的日常是三点一线：住处、图书馆、国际学生学者中心。早上出门、傍晚返回，蓝线校车（Blue Bus）正好经过这三个地方。耶鲁大学所在的纽黑文是个空气清新、水木丰茂的安静小城，从寓居处步行大约40分钟，就能到耶鲁最大的斯特林纪念图书馆。在稍稍辨清周遭的方向之后，我就常常不坐校车而选择步行，很快熟悉了沿途建筑：某位中国同胞捐建的商学院图书馆、立着中文标牌的"雅礼协会"，还有好几个学院。我很快结识了不少同一时期在耶鲁的中国学生学者，并常相往还。住处东岩区（East Rock）附近，有座不大不小的山，还有一大片绿地，我常常约上朋友们一起爬山，隔三岔五到绿地，边跑两圈（大约1公里）边聊天也成为一个重要活动。有一次，我慕名到被马克·吐温称为美国最美小道的校园小径，反复折返，慢跑大约3公里，从美景中得到的喜悦远远胜过跑步。

年少求学时的长距离步行、跑步,多是不得不尔。中年的驾车出行习惯,带来了行走能力的衰减。在耶鲁兜兜转转地走路、跑步,虽然主要目的是为了让自己觉得来过、踩过、看见过、经历过,但也让我在知天命之年发现了安步当车的乐趣——因为走得徐、跑得慢,身体轻松、心里放松,深深感受到了打破距离、身入其中的不同,慢跑提供了更多了解周遭环境、关注心境和状态的机会。但我这时的跑步还是边跑边喘,既不热身也不拉伸,也没有持续跑步的能力和动力。

从耶鲁回国后,教育创新跑团的黄团长极力动员我和跑团一起跑。数邀之下,盛情难却,某个冬日的早上,我去了京城跑步圣地奥森。清晨的奥森是一个充满活力和张力的地方,环形跑道上那种生生不息、往复不断的气氛,很容易让人视觉、精神受到冲击。我缺乏跑步的基本技巧和能力,黄团长就请专业高手、马拉松协会的九霄会长陪我跑——让这么专业的人陪我这么不专业的人,我心里有点惴惴,也担心九霄教的是"屠龙术",我用不上。这导致我跑起来有点紧张,还没跑出多远就觉得自己肯定不行。

但没想到,跑出几分钟之后,我就从"尬跑"状态进入了自然之境,九霄不时聊几句天,提醒我抬头望远、调整呼吸、步幅放小……,不知不觉,我居然跑出了人生第一个完整5公里,配速9分多。可见,跑步是需要专业指导的,遇上高手来启蒙，是非常幸运的。尽管一路气喘吁吁、跑完后好几天腰酸腿疼，但是"原来我也可以"的惊喜压过了一切不适，唤起了"原来我还行"的自信。这大概就是专业的力量、高手的高明之处吧。

但自信并不足以支撑对一项行动——特别是跑步这样常被人认为枯燥的运动的坚持。中途也有无数次的退缩，不想早起、冬天怕冷、夏天怕热、怕刮风、怕下雨……，不跑步的理由信手拈来。而跑友们的各式"拉扯"总能让这些理由崩溃：电话叫早、陪跑、开车接送、请早餐、义务指导，还有永远的赞美和鼓励。有一位朋友帮助我坚持每周日去奥森跑步的方式很特别：需要我开车顺道接上她去跑，不然她就不跑。——这也使我从中联想到跑步和教育的类似之处：让学生取得进步的方式，除了督促、表扬、奖励、条件保障，还要让他拥有某项愿意承担的责任，责任感使人进步。

随着跑步次数和频率的增加，我的精神状态开始改变，身体健康指数开始转好。持续跑步让我感受到了久违的大汗淋漓和随之而来的浑身通畅。很多朋友见面都要问：你气色这么好，是什么原因？我回答是跑步。我的现身说法让更多朋友受到影响，也开始跑步、加入跑团，并成为比我跑得更快、更远、更能坚持的跑者。有这么好的伙伴带动，我也变得更容易坚持。

进步是显而易见的，我从 5 公里到 10 公里，最多的一次

˅ 黄向伟 摄

跑了 15 公里多。最快的时候,每公里配速不到 7 分钟。跑步堪称中年转折点,创造了我的人生新可能,打破了不可能。

人生如寄,飘然一生中最幸运的是遇上对的人,做了对的事。在书中"遇到"了张伯苓,使我敢于在不再年轻的时候独自出国学习;在路上遇到了黄团长、九霄和激励我跑步的朋友们,让我敢于在不再年轻的岁月里,重回青春,挥汗如雨。

跑起来,吹吹千里快哉风

我本是一个不爱运动的人。在 2019 年之前,除了学生时代体育课上按照老师要求跑步,几乎没有主动跑过。因为从事教育工作,我曾经反思自己接受的 20 多年的教育过于轻视体育，特别是忽视了培养学生对运动的兴趣和热爱。受这种反思的影响，在工作之余，我游过泳，堪堪敢进深水区；滑过雪，堪堪能上中级道；打过羽毛球，勉强能凑个人手……。但这些都是浅尝辄止，没有坚持下去。跑步是我迄今为止坚持时间最长的运动了。

我能坚持跑步，不仅因为跑步后身体觉得通透了，小病微恙几乎没有了，更因为跑步打开了一扇新的窗，让我在结识了更多充满活力、把行动力和思想力结合到一起的朋友的同时，也看到了前所未见或者曾经被自己熟视无睹的风景。

清晨的奥森，光影、树木、湖面，有全然不同于其他任何时刻的美；大雪纷飞中的跑道上，脚下咯吱咯吱的声音有音乐的韵味；"穿林打叶声"中奔跑时，有一种彻骨的痛快，雨中自有天，有地，还有那一个人……。不跑步的时候，何曾认真体验过这些呢？只有在脚踏大地时，才有环境和心情去感受。朱光潜先生说：慢慢走，欣赏啊。今天，我更喜欢：慢慢跑，欣赏啊。

跑步带给我很多个"第一次"：曾经在新年第一天的晨曦中和朋友们沿着故宫城墙奔跑5公里，第 次发现第一缕阳光将至时故宫角楼遗世独立的美；曾经清晨从京城南边的陶然亭，一路向北，跑过一个个名人故居，一直跑到老北大红楼，跑完整整10公里；也曾清晨从前门出发，沿中轴线往北跑到鼓楼；2021年的正月初六，在天坛公园用14公里跑步轨迹"绘"出了吉祥大象的图案。

在黄山谷的家乡修水，天刚亮时从宾馆跑到黄庭坚纪念馆。小城宁静、江水微漾，想起他7岁的"多少长安名利客，机关用尽不如君"、不惑之年的"桃李春风一杯酒，江湖夜雨十年灯"。在赣江边跑步时，又不由得想起他诗中的落木千山、澄江一道。跑步所过，处处风骨。

前年夏天到武汉，天气特别热。早上5点出发，顺着东湖边弯弯绕绕地跑，经过行吟阁前的屈子行吟像，经过早起垂钓的老人，跑完5公里。赫然发现，尽管我曾经在武汉生活7年、多次到过东湖，但对东湖的感觉都不如这偶然一次的跑步来得分明和清晰。当踩在一片土地上，用脚步丈量它、让汗珠砸向它，才算真正贴近了它，更容易爱上它。

在不同地点跑步，让我更深体会到了苏轼在惠州松风亭下的领悟："此间有甚么歇不得处！"跑步，也给我带来了这样的心境。人生处处，飞鸿雪泥，雁过无痕迹，从随处而安的淡然到随处跑步的自在，这是运动带给灵魂的洗礼。

此间有甚么跑不得处。我变得越来越喜欢在不同地方跑步，去外地时，行李箱中少不了跑步装备。抵达后，先查地图，看附近有没有大江大河、绿地公园，规划好线路，次日早早起床，热身、跑步、拉伸，7点前完成，时间足够从容收拾好再投入工作。

沿江河湖海跑，江湖风过，流水安澜，心静景美，是很值得推荐的体验。这几年跑过长江、清江、昆玉河、永定河、赣江、珠江、修河、蒸水、昌江、御河、清水河、墨水河、松花江、大黑河，也曾经跑过昆明湖、八一湖、莲石湖、太湖、洞庭湖、东湖、西湖、玄武湖、东山湖，也曾在东海边、渤海边、南海边跑过。风从江河湖海上来，跑出一身大汗，特别畅快。

从 2020 年至今，我已经累计跑步 2500 多公里——相当于从北京跑到湖北，又从湖北跑回了北京，这对曾经的我是一个多么不可想象的数字啊。跑步出一身大汗，是令人愉快的；跑步中放空脑子，是令人愉快的；跑步中想好一天要做什么事情然后一点点去完成，是令人愉快的；跑步之后，身体指标正常了，更是令人惊喜的。当一件事情能带给你由内而外的改变，你就很容易爱上它；当跑步形成了习惯，产生了肌肉记忆，就比较容易坚持下去了。

路途虽然遥远，跑起来，就能到；跑起来，就有风，风在途中，千里落花风、千里快哉风。

飞鸿雪泥，跑步人生

跑步给我带来的好处太多了。因为跑步，我的心肺功能改善，从跑 100 米就开始大声喘气到现在跑 5 公里、8 公里也依然气息平稳。

我有腰疼的老毛病，疼起来的时候，躺着、歇着，都没什么作用。但是去慢跑一趟，回来反而不疼了。

因为跑步，我得以保持住了想吃什么就吃什么、想吃多少就吃多少的状态。

更别提跑步带来的鲜明而热烈的痛快感觉了。跑步是疗愈心情的良药，我觉得也是控制抑郁、赶走焦虑的良药，心情不好的时候，出去跑一跑，出身大汗，真有宠辱皆忘之感。跑步，可以让人走出心情和精神的低谷，增长人在命运的低谷弹跳而起的能力。

人这辈子总是要有点精神的，对一个中年人来讲，精神是什么呢？是面对打击和挫折硬撑着，是看多了黑暗还保持点理想主义，是身处低谷和平凡还在追求价值和意义。我特别庆幸自己开始了跑步，也特别庆幸加入了教育创新跑团。跑团有着特有的正能量和正向加持能力，让人随时感受到纯粹、积极的道德力量：

一是利他。每周日早上跑步的时候，"活雷锋"小川一人包揽了一应后勤服务。需要帮助的时候，总是有跑友伸出援手。最新加入、跑得慢的人，由团里跑步水平最好的人，比如会长、丹总陪跑和指导。跑团中的教授们在讲课的时候讲到跑步，专家们在做报告的时候讲到跑步，校长们和学生们讲跑步、鼓励学生跑步，讲究渡人的红军校长经常带着心智、心理有点特殊状况的孩子来跑步，孩子们在跑步中渐渐开朗；鲁大夫和文芝在加入跑团、爱上跑步后，被跑道上的盲人所感动，坚持每周到奥森参加助盲公益跑。利他、分享让跑步变得更快乐，吸引了更多的人改变观念，积极参与体育运动。在喧嚣的世界忙碌的生活中，这些人物，仿佛一股清流、一股清凉，傻傻地、乐呵呵地保留了难得的纯粹。

二是保持谦逊。跑步不仅能够跑掉"将军肚"，还可以跑掉一个人身上的官气、傲气、娇气、脾气。教育创新跑团有不少朋友是专家名师或成功的领导者，其中也不乏公众人物。但跑起来，大家都是"普通人"，一起肆意出汗，一起欢呼点赞。跑步让经历过或多或少生活苟且、习惯了或多或少伪装的人归于真实和纯粹，大家在一起，笑得像个孩子。

三是自强。教育创新跑团不鼓励大家追求和别人一样快、一样远，但是鼓励大家比自己的上一次跑得快一点、远一点、好一点。大家不断创造距离和速度的 PB（Personal Best，个人最高纪录），从不跑步到坚持跑步，从跑 5 公里到跑 10 公里、半马、全马。好几位朋友在参加跑团之后，跑完多次马拉松，我的朋友鲁大夫还独自在崇礼完成了挑战度极高的 70 公里越野。从没有拿过体育奖牌的我，也拿到了好几块 10 公里完赛奖牌。

> 黄向伟 摄

有的人每月跑 200 公里，有的人每月跑 30 公里，有的配速 5 分多甚至 4 分多，有的配速 9 分多，不同跑步水平的人在跑团都找到了自己最合适的位置。天行健，君子以自强不息。不息的自强，才是真正的健康和健全。

四是傻乐。傻乐是简单的快乐，是没心机（俗称没心没肺）的快乐，是自得其乐、乐在其中。跑步简单，有双鞋就可以跑，随处都可以跑。人在江湖漂，哪能不挨刀。跑步是舔舐伤口的最好方式，是补充能量重新出发的最好方式。在教育创新跑团，大家的追求是健康工作 50 年、健康幸福生活一辈子，不给社会、家庭添麻烦。这个目标很纯粹，也带给大家更多快乐，让大家有一颗赤子之心。

疫情之年，一度被封门居家不得外出，看着跑团群里大家各种花式跑，我曾绕着一块周长不到 6 米的瑜伽垫转圈跑步。跑于斗室，想象江河湖海，一直跑到 6 公里。

跑步是中年曲线的"重出江湖"。在第一缕晨光中、在淡月微云下、在细雨斜风里、在大雪纷飞中、在漫天黄叶中，在旷野、在大漠，在江南湿润干净的空气里，在北方冷冽无边的穹顶下，在黑夜明灭的灯影里，看到那些跑起来的人，有一点洒脱，有一点畅快，有一点孤勇，有一点义无反顾，令人肃然起敬。

有年轻人说：当今天的我完成了从前不敢想的事情，便觉得世上绝无不可能了。跑步，会让一个中年人也重新找回一点点这样的豪气，不服老，觉得人生还可以有很多种可能，"一蜂至微，亦能游观乎天地；一虾至微，亦能放肆乎大海"。

人生如逆旅，我亦是行人。生活压力、工作挑战、环境不公、情感波澜、理想失落，人生总有些些遗憾、偶尔苟且和种种不如意，每个人都会经历奔跑的岁月，飞鸿踏雪泥，跑过无痕迹，痕迹只在你自己的心里或者手机下载的跑步 App 中。跑得怎么样，关键在于能跑多久，不求快、不怕慢，跑下去，持久者强。

谈花饮月，春宵艳阳，浅唱弄弦，是一种精致的活法。迈开双腿，脚步踢踏，鼓勇向前，是一种看似粗糙但是现在的我更喜欢的活法。世事沧桑心事定，胸中海岳跑中飞。

跑步吧，跑过了，才知道有风，有海岳。

刘华蓉，资深教育媒体人，法学博士，北京大学哲学博士后。

跑步让我们成为孩童

□ 黄向伟

> 人到中年的我们,从背负种种"你应当"重压的骆驼,经由跑步,开始如狮子般获得越来越多身心自由并不断挑战新目标。

尼采说人生有三种境界:骆驼、狮子、孩童。忍辱负重的骆驼,雄心勃勃的狮子,天真烂漫的孩童。

第一次完成10公里,是在北师大的操场上。记不得时间了,大概是10年前吧,某个夏日的上午,一个人刷25圈400米跑道。枯燥的过程,超赞的结果,逢人炫耀。

第一次参加半马是在2016年的北京国际长跑节。拿到人生第一块赛事奖牌,完赛服保留至今,前几天还穿过。万人跑在长安街上,那壮观的场面,是每一个参赛者的狂欢。

第一次参加全程马拉松是在2017年秦皇岛国际马拉松。差一点跑进4小时,很好的成绩,收获一张途中照片,自认为相当完美。

近10年里跑了七八个全马、几十个半马，累计跑程1万多公里。

我在北京的德胜门内、后海边出生长大，这个地界儿是我的福地。我从小在后海里学会了游泳，而跑步却是儿时记忆最深刻的事情之一。隔壁的叔叔是体育老师，经常组织胡同里的孩子们运动，尤其是冬跑。寒风凛冽的早晨，黑着天，跟着大人和哥哥姐姐们去"跑河圈"，成群结队，每个人脑袋上热气升腾，成为一辈子的记忆。

中学时参加过中长跑比赛，大学时追求肌肉发达，引体向上随便就是大几十个，身材保持得不错。工作后各种应酬、加班、享受舒适，导致"过劳肥"，以至于百度我的名字可找到很多"猪头照"。不过，这些照片也成为我鼓励他人跑步的证据，每每与人聊起跑步有益的事，经常会百度一下"献丑"，以身说教。这个办法很有效，不少人就是这样被我引导到了跑道上。

2006年6月15日我在新浪博客里叙述了自己"奋不顾身"追抢劫犯的故事，很糗的事。那次奔跑真是崩溃，切身体会到"心有余而力不足"，沉重的身躯把我的意志拖累了几十米，只能眼巴巴地瞅着罪犯逃之夭夭。那些年的体检，各种指标都有问题，心脏早搏、严重的颈椎病、睡眠质量极差，亚健康的状态给身体敲了警钟。于是琢磨着是时候开始锻炼

佚名 摄

身体了,一口气买了包括跑步机在内的不少健身器材,开始"认真"地运动,断断续续,反反复复。然而一切并没有什么变化,日子还是照常过着,身材依然肥硕。

与跑步结缘还是要感谢儿子。我培养小黄同学从小打网球。陪伴其实是一件挺消磨时间且无聊的事，既不能参与也不可以经常发声，看着场上不争气的击球是一种煎熬。那个时候，儿子打球的主要场地是奥体中心和北师大。每天晚上北师大操场跑道上的人都乌泱乌泱的，有一天我实在是"气不过"，便离开网球场加入了跑道上的"洪流"。谁承想，那晚大汗淋漓后，心情大悦，回家路上和儿子说说笑笑。自那晚后，北师大跑道上就多了一个慢跑者，虽然配速不高、跑姿不对，但一直屁颠屁颠地跟在一个大队伍后面。

可以说，我和很多人一样，是身体出现了问题，才意识到要运动了。但直到开始跑步，我才找到了真正适合自己的运动方式。

完成第一个10公里后，内心的屏障打开了，之后的几年我就不断通过各种方式学习跑步知识并学以致用，不断地刷新成绩，无论是距离还是配速。超越自己的昨天，超越跑道上很多人，超越既定目标，去参加一个个赛事，连续几天每天刷一个半马，挑战自己的极限。看着越来越多的完赛奖牌，总是内心激荡。

现在我已经不再执着做"风一样的少年"，不再追求配速和跑步距离，甚至对于赛事的态度也发生了变化。体验过参赛者、配速员、发令员、摄影师、赛事跑团"私补"（私人补给）之后，我越来越觉得，只要参与跑步，无论什么角色，都很有趣。我习惯了出差时随身带着装备，喜欢每到一个陌生的地方就用跑步的方式看风景，尤其是晨跑。人们还没睡醒，城市没有喧嚣，美丽的风光是属于我的，于是我便经常掏出手机，拍下都市晨光、街道倩影、花海绿波。我喜欢陪跑，带动一个初跑者爱上跑步，分享他/她跑后的喜悦。我更喜欢每次跑步时给大家拍摄照片和视频，然后剪辑成一个个小视频作品，用这特别的语言叙述跑团的故事，记下大家的欢乐。

疫情期间，我们跑团跑过皇家园林颐和园，昆明湖畔，景美人疏；跑过故宫环线，跑过前海、后海、西海（积水潭），跑过中轴半马、胡同半马，用自己的脚步去丈量古都北京，去感受古韵今风。我想，这已经不是纯粹的跑步，也不是纯粹的运动了，更是一种享受，一种只有懂跑步、会跑步的人独有的享受，是跑动中的玩儿！

每个周日，跑团都会在奥森公园集体活动。除了极端天气，风吹日晒、飘雪下雨都不会影响大家跑步的热情。这种享受只有体验过才会感受到。下雨时，当人们或躲在屋檐下或手中执伞时，我们却开心地跑进雨中，让雨水肆意地飘洒在身上，清凉爽快，酣畅淋漓。下雪时，在跑道上撒欢，与雪花共舞，跑团的红色团服成为雪中景，如冬日里盛开的鲜花，在银装素裹的奥森公园里，展示着生命的绽放。

年复一年，日复一日，跑步已经成为我们生活的一部分，承载着欢声与笑语，人到中年的我们，从背负种种"你应当"重压的骆驼，经由跑步，开始如狮子般获得越来越多身心自由并不断挑战新目标。现在，跑团里每一个人早已忘记年龄与身份，重新如天真烂漫的孩童般，去真实感受，向世界敞开自己。我想，这就是成年人的童话吧。

黄向伟，教育创新跑团团长，中国教育学会高专委副秘书长，北京马拉松协会副会长，民盟中央教育委员会委员、北京市委委员，龙之门教育董事长。

"菜鸟"也能飞起来

□ 刘月霞

> 我对风霜雨雪的四季从没有如此真切地感受过,对常年生活的城市从没有如此沉浸地热爱过,对紧张而疲惫的出差从没有如此期待向往过。这一切是跑步带给我的。

54岁以前,跑步之于我,完全不可思议。

从小,我就不擅长甚至不喜欢运动。回想之前50多年的人生,与跑步最直接关联的无非两件事:学生时代不得不参加的体育课、早操,以及学校运动会做播音员朗读各班"投稿"以赞美跑步者;参加工作后,唯一一次以"运动员"身份参加运动会。

说说第一次做运动员的经历吧。

1995年的春夏之交,两年一次的职工运动会拉开了序幕。作为年轻人,我被老同志们激励着报了名,上了跑道。一向深有自知之明的我对于参赛项目做了基本的权衡——短跑,自己没有爆发力；长跑，凭毅力还能坚持。所以，勉为其难地报名参加了1500米的比赛。当时，我毫无运动知识储备，赛前既没有适应性练习，更没有基本的热身，"简单粗暴"地直接检录上场了。发令枪一响，我被裹挟在队伍中间，比较顺利地跑了第一圈。进入第二圈，喉咙开始"冒烟儿"，我被迅速甩到了后边。这时，开始有人陆陆续续中途退场。呼吸困难的我也边跑边做激烈的思想斗争——坚持呢？还是退场呢？第三圈，我被跑在最前边的"运动员"套圈了。最后一圈，忽然发现，怎么满场就剩下我一个人了。退场吧？不，还是坚持吧！正在这时，运动场上掌声雷动，大喇叭里也响起了加油声。虽然从未有过的尴尬和窘迫迎面而来，但是，我必须坚持，为自己也为大家的热情鼓励。于是，在全场热烈的掌声和加油声中，我拖着沉重的脚步，跌跌撞撞地跑完了1500米。跑道尽头，刚刚一岁半的儿子冬冬蹒跚着跑过来，满脸童真、奶声奶气地说："妈妈真棒，妈妈第一。"还没等我回应，我爱人就戏谑地说："你妈妈倒数第一。"

这一次跑步经历使我深刻认识到，自己的运动能力极为有限，"天生不是能跑步的材料"。从此，我再也没有上过跑道、没有参加过正式跑步，直到2021年。

2021年，我已步入人生的第54个年头。身体也像一辆开了十几年的"老汽车"，各个零部件开始松动，预警机制渐渐启动。我每天感觉疲惫不堪，该睡觉时睡不着，不该睡觉时昏头涨脑。每到凌晨两三点，我都会心慌着惊醒，必须开窗透气才能平复下来。看过若干次医生，所有诊断都是"没有器质性问题"，而是年龄和工作压力等原因所致。终于有一位医生给了我更为积极的建议："加强锻炼，可以尝试慢跑。"让天生不擅长、不喜欢运动的我加强锻炼是挺困难的事。之前我曾经尝试过打羽毛球，基本是球场上垫底儿的"菜鸟"。跑步，我肯定还是那只扑腾不起来的"菜鸟"。因为医生的建议，我尝试过一个人跑步：在速度很慢的情况下，跑起来仍然非常困难，3公里就到了极限。焦虑之际，几位好友不约而同地向我推荐了教育创新跑团，鼓励我参加集体跑步。但是，26年前运动场上的惨痛经历让我对跑步满心抗拒。两个月间，若干次劝说过自己，也若干次否定过自己。最终，禁不住朋友的热情劝说和鼓励，带着满脑子问号参加了跑团的试跑。第一次试跑，有幸得到黄向伟团长的亲自指导，从步频、步幅、呼吸到身体姿态，边跑团长边纠正、提醒，并鼓励、打气。不知不觉中，随着大队伍我竟然以每公里8分11秒的速度完成了6公里的跑程。这简直是人间奇迹！

很长一段时间，我都不敢相信这是我"第一次"跑步的成果。慢慢地，我体会到了一个极朴素但很重要的道理：跑步是专业，跑步需要技术。掌握了技术谁都可以跑步。

黄向伟 摄

从此，跑步之于我，不再不可思议。

从2021年4月16日早7:21，一个人尝试跑步，3公里平均配速10分22秒；到2021年6月13日早6:48，6公里平均配速8分11秒；再到2023年10月6日早7:16，8公里平均配速7分24秒——两年半间，我累计跑步300余次，其中包括四次半马，跑步总里程达1967公里，单次最远跑程23公里。这是我个人的里程碑，"菜鸟"终于会飞了。这完全是跑团带动、团友激励和帮助的结果。

两年多来，在教育创新跑团专业热身、专业拉伸和专业技术指导的加持下，特别是温暖而热情的团队氛围中，我跑过了草长莺飞的浪漫春天,跑过了鲜花绽放的热烈夏天,跑过了层林尽染的五彩秋天,跑过了白雪飘飞的冰冷冬天。在北京,有过绕故宫奔跑迎新年,有过天坛公园奔跑画"虎图"贺虎年,有过穿梭胡同里感受老北京风土人情,有过沿京城中轴线一路向南为"申遗"加油,有过纪念中国人民抗日战争暨世界反法西斯战争胜利78周年"卢沟桥醒狮越野跑"……;出差时,行李箱里总是挤放着跑鞋和运动装,海河边、西湖岸、太湖滨、珠江畔、维多利亚港……,一早一晚,我以脚步丈量每一个或熟悉或陌生的城市,领略不一样的地域文化和风景。50多年来,我对风霜雨雪的四季从没有如此真切地感受过,对常年生活的城市从没有如此沉浸地热爱过,对紧张而疲惫的出差从没有如此期待向往过。这一切是跑步带给我的,它赋予世界以生机,赋予生活以意义,赋予人生以希冀。

至此,跑步之于我,可思可议。

两年半的跑步历程,收获的不仅仅是里程的累积、速度的提升、耐力的增强、身体的健康、心情的愉悦,还有对体育、教育的一点点思考。作为从业30多年的教育工作者,我深知体育在学校教育中的地位,以及对学生发展和成长的不可替代作用。所以,在研制国家中小学课程方案时,我始终为体育课争取更多课时。我们都清楚,跑步是体育课程中最为基础性的内容，然而，很多学生经过12年基础教育，直至高中毕业，仍然如我一般不喜欢跑步、不会跑步、不能跑步。虽然我们承认，每个人先天的身体素质有差异，运动能力各不相同，但是，学校体育的目的绝不在于让每个人都成为竞技场的高手、运动健将，而在于使学生掌握基本的运动知识、方法和技能，养成健康生活方式、健全人格、锤炼意志。

时至今日，还是有很多人对跑步的认识有误区，或认为"人人都会跑步"，或认为"不是人人都能跑步"，还有的认为"跑步磨损膝盖""跑步会让小腿更粗壮""只有像运动员一样飞奔才是跑步"，等等。这其中，有的是对跑步知识不甚了解，有的是对跑步方法不大掌握，有的是将竞技体育与大众体育混为一谈，有的是没有养成基本的锻炼习惯和健康的生活方式。当然，其中很多人是在学生时代就没有形成对体育活动的兴趣和基本信心。可见，学校体育教育的目标达成、任务落地还有较大提升空间，作为教育工作者，深感任重道远。渐渐地，我开始深度学习为什么跑步前必须热身、跑步后必须拉伸，为什么比较而言走路比跑步更磨损膝盖，为什么每分钟180步被称为"黄金步频"，等等。渐渐地，我也成了"跑步"的义务宣传员，每每与人交流，话题总是自觉不自觉地转到跑步上。跑步极大地激发了我"乐于助人""好为人师"的天性：我不厌其烦地向更多人普及跑步的知识、方法，甚至还亲自示范如何通过增加肌肉力量而避免跑步过程中受伤。

当下,跑步之于我,已是基本生活方式。未来20年乃至30年,我会继续奔跑,享受"且行且看且从容,且停且忘且随风"的跑步状态,感知细胞生长所带来的生命的活力,感受与世界、与自然的融合,享受跑步过程中人与人纯粹而自然的交流。真心希望越来越多的人热爱体育,爱好运动,拥有健康生活方式,强身健体,生活无限美好!

刘月霞,教育学博士,课程教材研究所副所长。

越跑越美好

□ 郭华

> 跑团的意义在于,即便不在跑团里集体跑,也会激发个人自己去跑;跑步的意义在于,即便你将来跑不动了,也能感受跑步的美。

我的运动生涯从 56 岁开始,从跑步开始。

除了每周一次随跑团在奥森集体跑,我大多在西土城公园跑,偶尔也在北师大的操场跑。两年跑下来,身体似乎有了自己运动的节奏,隔天跑 5 公里已经成为习惯,就如吃饭睡觉的节律一样,成为身体运转的一部分。

当我动笔写这篇小文时,"悦跑圈"显示,我已连续跑步 102 周。偶尔心血来潮跑一次不难,断断续续地跑也不难,难的是连续跑,一周不落地跑——这正是跑步的"品性",一步接一步,稳定而持久。就这么着,跑着跑着,竟然跑了近两年,总里程 1275 公里,北京到上海的距离。我对自己都要刮目相看。

我的第一次长距离跑步,是在教育创新跑团。

在集体中获得力量

加入跑团,是个偶然。原本是架不住好友的热情去凑热闹的,没想到可以跑这么久,跑成了习惯,跑成了生活的一部分。

第一次跟着跑团跑,是2021年6月的最后一个星期日(那时还没用悦跑圈),正值热烈庆祝建党100周年的时节。我领了一件纪念T恤,跑了人生的第一个3公里。这第一个3公里,跑得一点儿都不美,气喘如牛,动作变形,像离水的鱼儿一样瞎扑腾,边走边跑断断续续。3公里之后,我再也跟不上大队伍,想要自己走回起点。但前后左右都是关心我的人,我走他们便跟着我走,我跑他们也便跑起来。后来才知道,一直陪跑的、被喊作九霄的人,是北京马拉松协会的会长赵福明;不断搭话鼓励我的人,除了本已熟悉的好朋友之外,还有跑团创始人杨丹。从3公里之后到6公里的终点,九霄陪我走完了这一段路。对于新人,九霄大约都要有一番指导。记得他说,跑步是人的本能,但并不是所有的人都适合跑步这项运动。他还举了各种跑残跑废的实例。不过,他又说,跑前热身、跑后拉伸、跑姿正确的话,大多数人跑步都没问题。现在想来,九霄的这段话也是我此后在跑团坚持下来的重要契机——我想，有这么理性的教练、这么科学的训练，而我又是极为普通的绝大多数，应该是适合跑步的。

万事开头难，先跑起来再说。

对于新跑者而言，究竟要不要跑，其心理与思想上的斗争之艰难不亚于哈姆雷特的"生存还是死亡"。是什么力量能够让一个人选择出门去跑步呢？不同的人有不同的理由。于我而言，最初的坚持，来自跑团这个大家庭的鼓励和鞭策。心理学上讲，奖励有内部、外部两种。高级的奖励是内部的，来源于对事物的内在兴趣和个人自我实现的内在需要。但在最初的起步阶段，一般人很难体会到那种真正的内在动机，反而是外部的鼓励更为重要。最初的我，只能龟速跑3公里，但每一次群里打卡都会收获无数的点赞、鲜花，虽然跑得不怎么样，但能够被看见、被关注并且被肯定，很开心，于是便有了跑下去的动力。跑团的群打卡制度，既是对个人的督促，也让团员相互鼓励有了去处。这个机制就是让新跑者"跑起来"的机制。只有"跑起来"，才能有"跑得好"。再后来，不仅有团员们自发的鼓励、点赞，更有"团长值班关注"。每天晚上，都有团长（或副团长）在群里为每一位当天跑步的人送出点赞和鼓励。我想，即便是成人，有成熟的理性，即便不会因鼓励而飘飘然，也会希望在人群中能够被看见，有一颗渴望得到承认和鼓励的柔软的心。在新人阶段，每一

∨ 黄向伟 摄

次认可和鼓励,都是实实在在的支持和奖赏,都成为再一次跑动起来的力量源泉。因为被鼓励,所以才做得好,在作为新手的成年人这里,同样适用。

只有跑起来,才有跑得好的机会和可能。在这个意义上,赞赏他人,是美德。教育创新跑团最具激励性的赞赏,是出现在"向伟·黄"团长镜头里那个更美的自己。每周集体跑后盼望着看团长视频里、照片里的自己,是不少人坚持跑步的理由。

跑起来以后才知道,跑步绝不只是两条腿的快速移动活动,想要跑得对、跑得快、跑得久、跑得远,都不容易。跑步是一项综合性极强的全身运动,既要求跑者对跑步这项运动有深刻的理解,也要求有较好的综合体质,还要对全身肌肉有了解,更要对运动的力度、方向有自觉的认识和把控。腿部要有力量,核心要收紧,髋顶臂摆、小步高频、配合呼吸节奏,才可能跑得起来。没有强健的腰腹力量、没有良好的开髋能力,心肺耐力不足,全身不能形成一个紧密紧实协调的整体,就不可能获得良好的跑步体验,更不能持久。所以,若要跑得好,必须加强全身锻炼,提高综合体质。只追求跑速跑量而不从根本上加强体质,只能"欲速不达",更有可能跑伤跑残。与学生的分数提升一样,只靠刷题是靠不住的,弄通基本原理、理解学习过程、提升综合素养,才是正道。事实上,跑速的提升、跑量的增大,是个人综合体质提升和技术动作到位的自然反映。会长九霄和团长黄向伟不断提醒和告诫各位跑者的,就是这些最基本的理念。每周一次的跑团集体跑,跑前的动态热身、跑后的静态拉伸,是一次又一次把基本理念外显为动作的经典示范。我想,每一位进入跑团的人,都如我一样,经由这样的活动,开始真正了解我们自己的身体,也从跑步中获得教益。

在教练的指导下,跑团形成了一种相互观摩、互帮互促的氛围。集体跑时,既观察他人,也被他人观看,互相映照,互为参照。那些跑得矫健而轻松的，一般都是跑得正确的；那些不美的，一定有问题。所谓"见贤思齐焉，见不贤而内自省也"，观察、对照着身边的正反面典型，成长会更自觉、更快一些。当然，仅有观察是不够的，非得把观察到的，化为自己的行动，结合教练的指导，反复体会、练习、再体会、再练习，才能逐渐沉淀下来，变成自觉的行为。

2021年的6月，我不会想到，加入跑团真的让跑步成了我生活中的一项重要内容。我想，让我坚持跑下来的，不仅有对健康生活的渴望，还有来自跑团这个集体的关怀。那些关心、帮助、鼓励与兴趣、自律、责任一样，都是新手跑者坚持跑下去的动力。

跑步的自我修炼

集体跑，次数毕竟有限，最多一周一次；教练的指导虽然关键，但更要自己花时间去练习、体会。好在跑步这项活动最大的优势是简便易行，只要有跑鞋，随时随处可以跑起来。自己跑的过程，就是一个人慢慢琢磨、消化、体会、练习的过程，尤其像我这样年纪的人，总是慢一拍，更需要在自己跑的时候慢慢体会、尝试。

跑步这项大众体育项目最大的特点是可以个人独自进行；作为积极向上的运动，却又非常"佛系"。不需要队友的配合，也没有对手去对抗，更无须分胜负输赢，依从自己的内心，按照自己的节奏，天马行空、了无牵挂、心无旁骛地跑就好，很自由。我想，也许正是跑步这种矛盾又协和的性质，让众多的中年人、老年人喜欢上了跑步。

我喜欢跑步，既喜欢集体跑时团体的力量与相互的鼓励，也享受一个人跑步的独处时光。

在熟悉的跑道上一个人跑，可以安全地完全放松、放空，可以关闭思想和感官，不顾及别人的步调，不需要搭腔，任由脚步做主，形成它自己的轨迹。当感官关闭时，风过树梢、鸟儿啾鸣、树木花草的清香、透过树叶的阳光，都会美美地飘到心田里。每当自己的呼吸声、脚步声慢慢浮现上来时，仿佛万物隐退，天地之中只此一人；又像是那个小我可以随步伐消散而去，融入天地之间，倏忽间便可参悟天地玄机一般。

我也常在陌生城市的跑道跑。一个人在陌生的城市跑，不敢放空，要记路，要跑回起点处。于是，便要用心观察，把经历过的路途印在脑海中，像是我一步一步跑进了这个城市，成为这个城市的一员。那些原本只是出差地的陌生城市变成了与我有关的、亲切可感的地方——那里的跑道、风景，锻炼的人们，不再是出差途中车窗外一晃而过的模糊影像，而是鲜明、生动、有个性的实体。因为跑步，对于城市以及城市的友好度、文明度、现代化程度也会有另一种观察的视角。例如，一个城市是否有专门的健身步道，是否有便于跑步健身的公共设施，成为我观察城市的重要维度。在跑步中，我第一次有了作为城市主人翁的建言欲望。例如，北京的西土城公园，是周围居民跑步的最佳去处，如果设置几个饮水点、储物柜，会方便得多，也会吸引更多的人跑起来。这些设施不昂贵，装配也不难，重要的是能不能想得到。深圳的街头就有这样的设施，在这个意义上，深圳确实是一个更友好、更现代的城市。

我喜欢跑步，正像我喜欢稍许有挑战的工作一样。一个有生命力的人，总是要有些挑战的。有的挑战是不得不回应的，有的挑战则是自找的，为的是保持活力。

跑步是庸常岁月中的自我挑战。正如日常跑5公里的人去跑10公里或跑半马一样，是自找的挑战。跑过10公里的人，一定不会畏惧5公里；7分配速跑5公里，重回7分半配速，便会有控制自如的步频与步幅。因此，一旦有了足够的心理、生理、技术和技能的准备，就可以去做一次突破常态的挑战。挑战是全方位的考验，也是唤醒和激发潜能的最佳途径。在我即将步入老年、职业生涯即将结束的时候，还能开始跑步，还能偶尔跑10公里，感受"银鞍照白马，飒沓如流星"的豪情，这是全新的体验，也是全新的生活。

当然，挑战不是常态，也不能日日挑战。过后还要回到日常、回到常态。但接受过挑战、上过一个高的台阶、唤醒过身体和精神潜力、见过大世面之后的日常，与没接受过挑战的日常是不同的。跑过10公里后的日常5公里，便是习惯，是生活，自如而自在。跑过10公里，5公里才会跑得更好。其他的一切工作和生活也同样。只有到达过高级水平，才有能力、有心情来回看、理解、评判和改进日常。跑步过后，你可以轻松地走猫步，用核心来带动两条腿；正如练过毛笔字再来练硬笔字一样，容易、轻松、意到笔随。

越跑越美好

跑步的人，总会有些变化。有的是鲜明外显的，有的则内隐不现。于我而言，跑步让我发现生活的多种可能、多种形态的美好。

原本我觉得运动鞋的颜色，只应是黑、白、灰，对于那些着艳丽色彩运动鞋的人，不能理解甚至鄙夷。加入跑团以后，自己跑、关注别人跑、关注一切能见到的跑步视频，我才见识到了那些五光十色的、极其艳丽的跑鞋的"美"。艳丽的跑鞋，跑得很快时，能舞出三太子风火轮的效果，"鲜衣怒马"的现代版，张扬而美好。

跑步必得提着丹田，核心稳定，全身协调，向上提升，才能真正跑起来；跑步必得用上赖在床上睡回笼觉的时间、

▽ 佚名 摄

瘫在沙发上发呆的时间,才会有时间去跑。所以,跑步最能抵抗沉重肉身的下坠,使之努力向上挺拔;所以,跑步的人总是有昂扬向上的精神力、积极的生命力,很美。

跑步还让我真正理解了有些人为什么不跑步,是跑步让我变得更宽容。

锻炼与劳动不同,学习与工作不同。其不同,正在于是全面发展还是片面发展。锻炼与学习为的是全面才能的发展,而劳动和工作却只需要运用这些或那些片面的才能。我想,每一个有条件、有时间专门锻炼的人,都要心存感激。当你锻炼时,有无数的人不得不用所有时间、片面地运用他们身体的一部分去劳作。锻炼是需要时间的。对于上班族来说,即便是跑步这样一项最经济、最便捷的运动,也是奢侈的。跑前热身、跑后拉伸、7分配速跑5公里、洗澡冲凉换衣服,没有一个半小时是不可能的。有的人可以跑步上班,那是因为他的工作场所有条件并且允许他洗澡换衣服。我们赞美那些长年坚持锻炼的朋友,希望我们也是其中的一员,但并不能因此沾沾自喜,感觉高人一等;那些体力工作者,每天加班至深夜的人,那些在家忙于家务、照顾第三代的老人们,同样是积极向上、值得尊重的。

在我还能跑得动、有条件跑的时候,我会坚持跑;如果我有了孙子,需要我去帮忙,我愿意牺牲跑步的快乐去做这一件同样快乐的事情。

即便某一天我不再有时间、有条件跑步,但因为我跑过,我知道跑步是美好的。我可能会抱着孙子指给他看,跑道上奔跑的人有多么美;等他会走会跑的时候,我一定会在他后面跟着跑;即便我将来跑不动了,我也会欣赏那些正在奔跑的人,我知道这项看似机械重复、枯燥乏味的运动,可以有多么丰富的意义。

坚持跑步固然重要,但跑步不是生活的全部,生活的意义也不能全由跑步来承载。因此,在适当的情形下,能够让自己停下来不跑,也同样重要。运动而不成瘾,坚持而不偏执,是跑步带给我的启示。经由跑步,我们不仅应该能自如地掌控自己的身体,还要能掌握自己的精神。

跑团的意义在于,即便不在跑团里集体跑,也会激发个人自己去跑;跑步的意义在于,即便你将来跑不动了,也能感受跑步的美。

郭华,北京师范大学教育学部教授,博士生导师。

跑着看世界

□ 滕珺

> 如果说,最初跑步吸引我的,是让我有机会见天地、见众生,那现在跑步最妙不可言之处,就在于这是难得的自我充电和自我对话时光。

"世界那么大,我想去看看。"每当我说起这句网络流行语,身边的朋友总揶揄道:"你不总是世界各地满处跑嘛!"是的,由于专业的关系,我确实跑了不少国家,去了不少地方。一度,我也以为我见过的世界够大,直到我迈开了脚步,才发现,世界那么大,不仅值得去看看,更值得去跑跑……

世界那么小,偏偏遇见你

说起跑步,首先要感谢的是教育创新跑团的"政委",尽管此前她在各种场合"安利"了跑步的各种好处,可对于打小体育就不及格的我而言,总觉得那不过是别人的故事,与我无关。2021年5月的一个清晨，我和"政委"同在无锡出差，在"政委"的热情邀请和无锡"樱花大道"美景的双重诱惑下，我破天荒地6:00起床，穿着完全不专业的凉鞋和连衣裙，开启了我有生以来的第一个5公里。这个5公里与我上学时所有的跑步经历都不同。记得上大学时，体育老师为了让我百米达标，都扬言要放狗咬我，就这样我也才勉强达标，而且累得上气不接下气。而这次，不知是"政委"教导有方，还是"樱花大道"的美景着实令人流连忘返，我竟然在不知不觉、欢声笑语中就轻松地跑完了5公里，全然不似当年的痛苦。可见，遇到一个好的"启蒙"老师，拥有一段愉快的体验，对于开启一段学习旅行何其重要。

很快，经过三次考验，我就加入了教育创新跑团，在这里我遇见了更多有趣的灵魂。跑团的成员虽然大多因教育结缘，但都有着各自不同的岗位，其中有一线教师、校长，也不乏知名大学教授、企业创始人、政府官员等。可在跑团，他们却展现出了职务之外最朴实的真善美。比如团长热爱摄影，每次都用心地将跑团人的飒爽身姿嵌入奥森沿途的风景之中，年复一年，日复一日，为每一个平凡的日子赋予了不平凡的仪式感和意义感；团长的文化底蕴也十分了得，田园劳作配上优美诗文，每一帧都写满了他对幸福生活的诠释。再如我们的会长，虽"贵"为北京马拉松协会的会长，却无条件地接纳我们这批体育"困难生",一路陪伴鼓励,润物细无声。副团长们的"工作"也不轻松,每天圈点今日跑步的成员,还要留下文采飞扬的小作文,长年累月,这需要的何止是一份坚毅。还有跑团中无数"乘风破浪"的姐姐们,她们在工作中个个号令千军万马,私下聚会时也秀秀新做的美甲,晒晒新拍的美照,吐吐槽、八八卦,工作的烦恼和生活的无奈就在一片嬉笑声中随风飘散。更为暖心的是,逢年过节,姐姐们还不忘暖心地为大家备上鲜花和伴手礼,生活过得精致又美好。说到这里,还要特别感谢其中的一位姐姐,我一度总以各种借口不参加跑团的活动(现在想来就是懒惰松懈),好在姐姐及时出手相助,每周日到家门口专车接送,这才让我坚持了下来。

跑团里的每个人都不同,就像跑团永远都设有不同的配速、不同的距离,每个人都按自己的节奏,努力又认真地跑,真切又通透地活,大家不同,大家都好!在这个人人都喊"内卷"与"躺平"的年代,跑团似乎是一个"不合时宜"的存在,积极、阳光、向上,刻画出这个时代人们生活应有的样子。因心向往之,我也努力地跑,认真地跑,用心地跑,同时不遗余力地向身边的亲朋好友"安利"跑步的好处,努力做别人生命拐角处的重要他者,我想这就是教育者该有的模样。

∨ 黄向伟 摄

世界那么大，我要去跑跑

自从爱上跑步，世界在我眼中确实大不同了。以往不论去哪个城市出差，去哪个国家交流访问，都是行色匆匆地走过，酒店、会场、餐厅，基本三点一线。而如今，我的行李箱里常年必备一双跑鞋、一件跑团的团服。到了上有老下有小的年纪，大家在北京的生活总是忙忙碌碌，工作和孩子几乎占据了我们所有的时间，出差反而能腾出点属于自己的时间来。团友常互相开玩笑说，婚后爱人表达爱意最好的方式是说："你去出差吧，家里有我呢。"此外，跑步也成为我倒时差最好的方式。当清晨的第一缕阳光洒向这个城市，与其在床上辗转反侧，不如换上跑鞋，用脚步度量一座城市，去看截然不同的风景。

2023年5月，我到美国底特律开会，对面就是加拿大的温莎市，在界河中央立着一杆加拿大国旗，标志着美国和加拿大的边境分界线。沿着这条号称美国最美的河边步道慢跑，好像自己不再是一个匆匆的过客，你会深切感受到这座百年钢铁之城骨子里的那份骄傲，又能看出时代转型后城市的没落与不甘，以及此时此地城市人群"撸起袖子加油干"的努力。边跑边看着路边的风景，想起百年前就是靠着从温莎市过来的大量普通移民共同努力，才有了底特律这座闻名天下的"汽车之城";而如今,移民却成了世界各国政治中让人头疼的议题,真是令人嘘唏不已。

纽约是我当年学习生活过的城市,可我彼时从未见过清晨的中央公园。这次途经纽约,我的第一个念头就是要去跑步。清晨,我从72街进入,沿着蜿蜒的土坡一路向北,周围的高楼大厦与满眼的绿树成荫形成了鲜明的对比。我跑过著名的毕士达喷泉,发现它全然不是我印象中游客环绕的样子,没有白天各种音乐会等户外活动的喧嚣,只有老老少少的跑者,安安静静地从湖边跑过,沿途的各种雕像显得更为静谧安详。因为穿着跑团的团服,上面印着"教育创新跑团"的字样,便有好奇人士前来询问:这几个中文表示什么意思?我们便边跑边聊,分享了不少跑步的感悟,也聊了不少对中美教育的看法。这位人士说,有跑步习惯的人一定都很自律,自律是教育必须教给孩子的重要美德。我说,是的,其实不论在中国还是在美国,我们对好的教育的追求是一样的。

跑步给我带来了更多与国外普通人交流的机会,而越是这种普通人关于生活酸甜苦辣的交流,越是让人感慨,人类文明虽如此不同,却又如此相通,我们对人性的理解、对美好生活的向往大体都是相同的。在诺丁汉大学访问期间,因为会议结束时距离晚宴正好有两小时的空歇,我和同事果断换上跑鞋,开始用脚丈量这个校园。校园风景如画自不必说,有趣的是,诺丁汉的同事见到我们跑步后十分激动,原来她也有同样的爱好,晚宴期间便开始给我们介绍下一站布里斯托的"跑团"活动,还热心地帮我们下载安装小程序 parkrun(公园跑),说英国很多城市都有公园晨跑的活动,我们可以在小程序里自助查询相关时间地点。尽管到达布里斯托后,我们错过了 parkrun,但清晨我们还是在这个城市留下了自己的足迹。

当然,祖国的大好河山也不在话下,聊城、天津、郑州、大同、无锡、成都、广州、深圳、海口……,会开到哪儿,我们就跑到哪儿。看着清晨早起的老老少少的身影,听着早餐店喧嚣的叫卖声,那份烟火气带来的踏实与温度,让人不禁想起历史学家罗新在《漫长的余生》衬页上所写:"普通人的故事才是时代的主流"。世界那么大,去跑跑,会看到不一样的风景,遇到不一样的人。

世界那么美,余生细细品

《一代宗师》中有句经典的台词:"习武之人有三个阶段:见自己、见天地、见众生。"跑步亦是如此。如果说,最初跑步吸引我的,是让我有机会见天地、见众生,那现在跑步最妙不可言之处,就在于这是难得的自我充电和自我对话时光。第一次使用悦跑圈,我特意选择了 2021 年 7 月 1 日建党 100 周年纪念日,来开启自己的跑步记录。记得那天,我一边在北师大的西操场跑步,一边听着中国共产党成立100周年的大会讲话,"每天锻炼一小时,健康工作五十年"的宣传标语似乎都格外亮眼。此后,跑步成了我消除疲劳的最好方式。以前暑期上完一天的课后,我常常瘫坐在沙发上,什么也不想干;而现在困了累了,只要去操场跑上几圈,就立马满血复活,又可以投入工作。跑步不仅可以消除疲劳,也是调节心情的一剂良药。以往无论是工作还是生活中遇到不顺心的事情,总是焦躁不安;现在情绪不好时,就去户外跑跑,也许是多巴胺分泌的效果,也许是跑步给了自己冷静思考的空间,那些焦躁和不安也就随风而去了。

现在,我有时愿意边跑边享受听书的时光,许倬云、赵汀阳、许纪霖、温铁军……,一个个鲜活的历史故事,一幅幅壮阔的文明画面,一句句发人深省的灵魂叩问,在越跑越快的脚步下,就像《长安三万里》中《将进酒》的画面一样,我的思绪也飞扬了起来。有时,我又很享受自我放空的时光,听听脚步踩在落叶上的沙沙声,看看枝头含苞欲放的花骨朵,闻闻空气中夹杂着泥土味的青草香……,就已觉得"人间值得"。

赵汀阳在《论可能生活》中曾说:"假如一个人的某个行动本身是自成目的的(autotelic),并且这一行动所试图达到的结果也是一个具有自足价值的事情(autarkeia),那么,这一行动必定使他获得幸福。"他把这个行动称为创造性行动，简单地说，一个人从事"创造性行动"，就会幸福。此后，他又在《惠此中国》中写道："与消耗性的物质世界不同，精神世界是增值性的，而且是效益无限递增性的。一个精神世界越被广泛使用，越被更多的人分享共用，就会因此凝聚起越多的文化附加值和难以拒绝的政治魔力，就越能够吸引更多的心灵，结果会形成一个无穷增值的循环。"我想，跑步就是这样的"创造性行为"，"跑团"就是这样让人难以抗拒、具有无穷魔力的"增值循环"，它不仅让参与其中的每位跑友实现自足价值，而且也有效地将这份价值传递给了周围的人群，这不就是教育该有的模样吗？

滕珺，北京师范大学国际与比较教育研究院教授、博士生导师。

不为"RUN",只为"FUN"

□ 史燕来

> 运动和读书是普通人的救赎。一个救赎身体,一个救赎灵魂。愿我们每个人都有一个看得见的"奔跑的未来"。

尼采说,每一个不曾起舞的日子,都是对生命的辜负。

可我,从小就喜静不喜动。

人家说"生命在于运动",我却崇尚"生命在于静止"。

就这样安安静静、无运无动地度过了自己的大半个人生。

所以,跑步这件事,于我从不是一场与他人的较量,而是与自己内心的斗争。

选择跑步,不是跟自己的年龄、身体抗争,而是为了离自己更近,连接更多朋友。

改变:和喜欢的人一起奔跑

我知道,跑步的世界,不分年龄,无关地域,谁都可以跑。

∨ 佚名 摄

可自己,就是迈不出那一步。

当然,也是因为忙。

从1998年创业开始,我的每一天几乎都排得满满当当。

晚睡,已是多年常态;早起,太难,除非是要赶飞机。

赖在床上的每一分钟,都仿佛是为这一天的工作储备能量。

直到遇见华蓉老师。

我们年龄相仿,她跑龄也不长,但已经跑过很多地方。

她利用出差之机跑遍祖国的大江大河、公园绿地。

我没她那么浪漫，但她的言语和状态深深地感染了我。

跑步，真的有那么大魅力吗？

跑步，不是"RUN"（奔跑）吗？为什么她看起来那么"FUN"（乐在其中）？

让我改变的第二个人是东升秘书长。

他看起来可不像是爱运动的人，居然坚持跑步，认真严谨的劲儿，令我心生敬佩。

于是我这个从小惧怕体育、连跑个800米都气喘吁吁不及格的人，歪打误撞，进了一个跑团，后来才知道这个团还有一个挺有吸引力的名字，叫"教育创新跑团"。

原来和喜欢的人在一起，不喜欢的事也会变得让人期待和喜欢。

原本在跑步上非常不自信的自己，也会因为和相信你能行的人在一起而变得自信。

原来和喜欢的人在一起奔跑是这种感觉，跑步不再是一种考验，而是一种奖励。

谢谢跑团，让我在每一个清晨和晚间因跑步而充满能量，有了太多不一样的改变。

北至哈尔滨松花江边，南到福建东海畔，都留下我奔跑的身影。

看见：跑得越远，离自己越近

跑起来，才终于懂得，原来跑步，是自我的艺术。

跑步不仅是一门最古老、最高深、越靠近就越让人着迷的艺术；跑步更是自我的艺术，连接自己的身体，跑得越多、越远，离自己越近。

跑步是一个发现自己、战胜自己、修炼自己、重塑自己的过程，让我从来没有这么清晰地看见真实的自己，自己跟自己对话，自己跟自己挑战。

即使加入跑团，我也一直深深怀疑自己能否完成这件从小到大都不可能喜欢和完成的事，结果，竟然，做到了——这种超越自我、换种活法的感觉真是太美妙了！

当你付出的努力可以撑起你想要做的事，内心的坚持便无比笃定。

也因此会更加相信自己，当"我"成为我的"信念"，还有什么不可以？

跑步之于我，不止于跑步。

我喜欢跑步时风中的我的样子。

我喜欢跑步时观察树的四季变化，赞叹天空的饱和度。

我喜欢跑步时和这个城市一起在晨光中慢慢苏醒，空气中还有一股凛冽的味道。

我喜欢跑步时感受身体的奇妙变化，心脏，血液，汗水，脑部神经元，都那么真实地存在，很多白天工作时没有想清楚的事，会突然变得清晰无比。

一个又一个想法，跟风一起，吹拂而来，呼啸而去。

这一刻，我知道，离自己，又近了一步。

奔跑中，是答案自己涌现，而正巧，被我看见。

于是我也像东升秘书长一样，拉着很多人与我一起奔跑。

就像古希腊格言所说的——

如果你想强壮，跑步吧！

如果你想健美，跑步吧！

如果你想聪明，跑步吧！

我还想增加几条——

如果你思绪混乱，那么跑步吧，它让你头脑清晰！

如果你情绪低落，那么跑步吧，多巴胺让你快乐！

如果你人到中年，那么跑步吧，你会看起来更年轻，更有朝气！

其实我们每个人都对自己有无尽的期待，终其一生寻找生命的意义。

而跑步，真的是一个特别棒的人生体验，不信，你也试试？

坚持：不是一个人在奔跑

跑步是最简单的运动，然而要把最简单的事情做好，并能坚持，却是最难的。

工作繁杂，异地出差，身体不适，凌晨会议，仿佛都可以成为理由——今天晚点起，就停一天也没关系。

跑步不难，但一直坚持很难。

为此，吃尽"苦头"的是我身边的同事。

为了避免自己偷懒，我的方法是拉他们一起跑步，特别是出差时，大家都住一起，作息时间一致。不管前一天工作到多晚，第二天天没亮，我们就约在楼下晨跑。

他们中的很多人还不知道我这个习惯，以致头天晚上临时冲进商场买运动装备，后来大家都学聪明了，知道和我出差，有一样东西必带，那就是跑步鞋。

今年夏天去哈尔滨出差时，我约了一位投资人园长和一位总部培训老师，一起晨跑。她们都很震惊：您这么忙，还能坚持跑步？难怪精气神这么好！

就像华蓉老师感染了我一样，我的状态也感染了她们。

之后几个月，她们一直相约打卡，坚持晨跑和健康饮食。

再次见到时，这位园长的状态也让我很吃惊，真的瘦了，美了，前后判若两人！

一件事，不做则已，做就要做好，做出该有的样子。

这大概是大部分创业者身上共同的特质：要强，死磕自己。

但跑步毕竟不是我擅长的事，刚开始练得太狠了，导致膝盖受伤，不得不停跑一段时间。感谢跑团的赵福明教练，他也是北京马拉松协会的会长，给了我最专业、及时的指导，亲自录小视频，教我在家做康复训练，还推荐了专业的康复机构，让我感受到了跑团这个大家庭的温暖。

不能跑步，我就快走，坚持打卡。群里大家每天奔跑的样子，也给了我一个不能停下来的理由，这大概就是有团队、有组织的意义。

如果是孤孤单单一个人，我想我坚持不了那么久。

所以，关于跑步这件事，我居然认真了，越来越专注，越来越专业。

在教练和伙伴的指导下，我学会了跑步的科学方法，才知道跑前要热身，跑后要拉伸，否则就等于白练，甚至会伤痛不断。

即便自己跑得慢一点，笨一点，即便阶段性地停跑，只是快走，也没关系，因为我在乎的是过程，不是结果；我感动的是跑团大家庭给我的温暖与动力，我们可以同一时间、同一地点、一起奔跑，也可以相约线上，跨越山海，相聚云端，相互鼓励，只要我们的心在一起。

跑步，越来越成为我生活中不可或缺的一部分。

跑团,越来越成为家一样的存在,无可替代。

连接:奔跑的未来

从不会跑、不愿跑,到现在——是我的内心在推着我往前跑。

越跑越起劲,越跑越享受,越跑越离不开大家。

有一次在厦门开会,我、华蓉老师、东升秘书长,又一次相约晨跑。

白天我刚完成开幕式等一系列重要工作,凌晨4点结束海外的电话会议,睡了不到一小时就爬起来。到了酒店大堂会合地点,我竟然是第一个,为自己骄傲。

当我们一路说说笑笑跑到海边时,正好赶上日出。

这是我第一次这么完整清晰地欣赏海上日出的全过程,从天空蒙蒙微亮,到渐渐晕红的海岸线,再看,一轮朝日呈半圆状缓缓升起,瞬间跳出海平面,喷薄欲出,光芒万丈。

那一瞬间的震撼与喜悦,无以言表,觉得前面一切辛苦都值了。

东升秘书长说:"这是对勤劳者的最好馈赠。"

是的,这是大自然对我们的美丽馈赠,也是我们因跑步这件事结缘在一起的最好馈赠。当我跑不动时,几度想要放弃时,谢谢华蓉一直拉着我,鼓励我。

她说:"燕来,你可以的,相信自己,我陪你一起!"

跑团都是教育人,这本就是教育人的跑团。

教育和运动本就密不可分,是教育和跑步这两个纽带将我们紧紧连接在一起。

教育让生命更美好,运动让生命更健康,有质量。

运动和读书是普通人的救赎。一个救赎身体,一个救赎灵魂。

我们翻过的每一本书,读懂的每一段话,都在滋养着我们,照亮我们前行的道路,让我们理解自己,理解世界;而运动呢,让我们的身心机能充满更积极的能量,健康不过是随之而来的附属品,是自然而然的奖励。

未来已来,奔跑而来,呼啸而至。

跑步,不止于奔跑,不止于当下。

愿我们每个人都有一个看得见的"奔跑的未来",不为"RUN"而跑,而为"FUN"奔跑!

永远热爱,永远年轻,永远在路上。

史燕来,启今集团创始人,中国女企业家协会副会长,中国民办教育协会学前教育专业委员会副理事长。

一个人的马拉松

□ 李明

> 跑步是一场修行。选择了跑步这项运动,就是选择了一种生活方式,选择了一种让自己一步一步细细品味人生的状态。

一个人不能跑全马吗?出发前,没有考虑过这个问题。跑过之后才发现,确实很难!

2022年4月初,我计划着跑一次全马。偶然见到跑友们晒在冬奥公园马拉松大本营跑步的图片,发现公园的环境、风景都不错,不仅地方宽敞,还有专门的跑道,我便决定去大本营体验一下。

我挑了一个周日——4月10日早上7点半,顶着有点雾霾的天气出了门。路上车很少,40分钟左右我就到达冬奥公园。看到空荡荡的停车场,我心里暗自庆幸:果然没挑错地方——周末人少,跑全马不易受干扰,如果能够坚持下来,也算是完成了一个大目标。

为了节省体力，我决定不戴墨镜、帽子，背上补给背包，即刻出发（盐丸、能量棒被忘在车上了）。没走多远就看见了马拉松大本营起跑点，一想到要起跑了，我既激动又有些紧张：平时虽然抬脚就跑6公里、10公里，但42公里可是我从未挑战过的距离，不免担心自己这把老骨头能不能承受得住。既来之，则安之！我稍微做了热身，8:30出发了。

初次尝试，我给自己定的目标不高，能在6小时以内跑完全程就可以，所以起跑没有追求太快。不过出师不利，由于没有提前做好路线规划，加上对地面路线标志不熟悉，刚跑了几百米，我就迷路了，懵里懵懂跟着游人进了一个公园——后来才知道，这就是属于冬奥公园一部分的永定河休闲森林公园。进去后差不多又跑了1公里，发现地面标记"马拉松终点"，真是迷路个彻底！我决定不再找跑道，就在公园里随意跑吧。

应该是热身不充分的缘故，第一个5公里我就感觉跑不动、两腿发紧。我不停地给自己鼓劲：必须坚持，这时候放弃不是我的风格！所幸我曾经跟朋友们跑过半马、二环，最长跑步距离已经达到35公里，只要在这个基础上再多跑7公里，全马就完成了。于是我给自己分段设定目标，一段一段完成。

公园是柏油路，上坡下坡比较多，没有奥森那种专门的跑道。跑了四五公里，这个公园就差不多跑完一圈了。我想换另一个公园继续跑，走到门口才发现，由于疫情原因，几个公园间可以穿行的门被封上了。没有办法，只能在这个公园多绕几圈，将就着完成全马。这下挑战更大了！

因为天气转暖，加上疫情防控政策有调整，一家又一家人带着帐篷来公园赏花、观景、野餐，只有我专门来跑马拉松，成了公园休闲娱乐氛围中的另类。霾消散了一些，阳光直射下来，有些晒。我已经记不清自己在公园有限的几条路上重复跑了多少圈了。总之，就这样一圈一圈，10公里、20公里、30公里……，当手机报35公里时，我激动地想：只剩最后7公里了，胜利在望！事实上，最后这7公里与平日跑步的7公里在完成难度上是天壤之别。这时候，我的腿和脚已经变成机器——机械地抬起放下，每一公里要坚持下去都必须走十来步调整一下，让我真真切切体会了什么是"刷步数"。

终于，我的首个全马用时5个半小时完成。停下脚步那一刻，我在心里给自己颁了一个大奖！

有朋友问我：跑步太单调了，一个人跑全马，怎么坚持下来的？说实话，如果没参加跑团，我还真不敢就这么跑全马。2020年5月，为了强身健体，改变"亚健康"，提高免疫力，在儿子的建议下，我开始跑步。最初，我只能慢慢跑2公里。老公打趣我，跑的速度还没有他走的快。跑了一年多以后，

∨ 黄向伟 摄

我的最长距离到了6公里，配速勉强到7分半，已经觉得自己很了不起了。那时候的目标就是能跑下来10公里，至于半马、全马，那简直是天方夜谭，想都不敢想。

2021年9月，朋友介绍我加入教育创新跑团。第一次参加活动，我就被跑团的风格和跑友们的热情感染，喜欢上了跑团。跑团规定，要成为正式一员，必须连续三次参加周末跑步活动，以此考验成员能否坚持跑步、是不是真喜欢跑步。对新成员，跑团有专人个性化指导，每人可以自定每次活动和每月的跑量，没有统一配速、跑量的要求，而且始终强调健康跑步、安全运动。每周活动，跑团会按照配速、距离分二四个小组，每个人可以根据自己的水平、状况选择组别，不鼓励冒进,而是提倡快乐跑、放松跑、健康跑——妥妥地因材施教。但是,如果你认为跑团的这种人性化就是任由每个人自由发展,那就错了。每周跑步过程中,有跑步专业人士指导、纠正大家的姿势、呼吸等问题,带领大家热身、做肌肉力量练习,跑友间也会互相提醒,督促大家科学跑步、安全跑步。

跑团的理念和专业化指导使我渐渐认识到,跑步不能靠冲动,要遵循"道"与"术"的统一。跑半马、全马难吗?掌握了跑步的"术",就不难。在规律的步幅、呼吸,节奏适宜的步频等一系列技术支撑下,再加上补给,普通跑友也能跑下来。但是,如果没有量力而行,一味追求"突飞猛进",不遵循跑步之"道",跑的时候就有可能出现一些状况,甚至顺利完赛都会成问题。

数百万年前,人类在直立行走之后,是为了生存而跑步。但到了现代,跑步的目的已经从生存需要更多地转向健康需要,因此理解跑步"道"的意义就更加重要了。既然是为了健康,我们就不应仅仅聚焦于提升配速、增加跑量,而更应注重体验跑步带来的舒服、放松、自然的感觉。跑团里有的人多次多地跑过全马,有的人平均每天跑 70 多公里、连续数天完成几百公里的越野跑;有的人喜欢独自跑步,有的人喜欢跟朋友一起跑;有的人喜欢边跑边逛,有的人喜欢只跑步不观景；有的人喜欢沿着一个固定路线绕圈，有的人喜欢不重复路线……。这些状态反映了每个人在跑步"感觉"上的差异。

就我个人而言，我更认为跑步是一场修行。如同人生一样，跑步没有目标不行，目标不切实际也不行。实现目标贵在脚踏实地、持之以恒、讲求科学方法。量的积累是质变的前提和基础。这个过程中，受多种因素影响，我们的状态会有波动、起伏。这些波动、起伏就像"调味剂"，让我对这场修行的体悟更加深刻、通透。

2022年11月6日，我幸运中签参加了北京马拉松比赛，完赛成绩比4月份一个人跑全马时提前了20多分钟。

半百之年开始跑步，现在我的跑龄已经三年。最开始跑步主要为了身体健康，现在每天跑步则已成为习惯。只要可以，我愿意一直把这个习惯坚持下去。对我而言，选择了跑步这项运动，就是选择了一种生活方式，选择了一种让自己一步一步细细品味人生的状态。

李明，公务员，长期从事教育工作。

跑步的味道

□ 王红军

> 跑步就像一杯适口的红酒,神奇地消解了各种负面情绪,让我振作精神再出发。这是一种不必"心外求法"的快乐。

就是这样一件简单的事情:一双跑鞋,一段里程,一场挥洒汗水的奔跑,就能带给自己一个安静的"空间",让人像充电一样恢复能量,在生活和世界的漩涡中心,获得来自内心的专注与平静。它先是成为我的礼物,慢慢地,成为我的日常。提笔回顾这段变化历程,我想到的是"味道"——如果跑步有味道,那么我跑步的味道一定是酸甜苦辣五味杂陈,就像一款完全陈年的红酒,味道复杂而富有层次,余味悠长,让人回味无穷。

从黑醋栗味到茉莉香味

> 黑醋栗味是黑色水果中的味道，于我，是加入跑团前酸涩而复杂的情绪；而茉莉香味对丧失信心的人有很好的提振作用，能够使人更有活力，更加轻松，缓解抑郁，提升情绪。

2020年末到2021年上半年正是我人生中的至暗时刻，整个人没有了一丝生机，内心不再有一丝光亮，就连信仰似乎也崩塌了。身边的好朋友轮流陪伴我、鼓励我，但是当我独处的时候，灵魂依旧在流泪。在一次小聚中，身边的朋友向我介绍教育创新跑团，建议我一起去跑步，我虽也附和着，心里却想着：怎么可能？我前半辈子连走路都没一次走过两公里以上，怎么可能一次跑五公里？

又一次小聚，和我同年同月同日生的小姐妹跟我细数着，身边哪些朋友比我年龄大还在跑团跑步，以及她自己跑步的感受。我当时不知是因为对朋友的热情不好意思拒绝，还是出于那仅存的一点好胜之心，答应了下次跑团活动一起参加——并没打算长期跑，只是碍于情面想去"摸鱼"一次。但事实是，我的第一次长跑就这样被动地在"摸鱼"中诞生了，而且居然被跑团吸引，这一吸引就已坚持了两年多！

虽然前三次跑步都没能跟上大部队，并且每次跑完都是

˅ 佚名 摄

全身酸爽的状态,但是大汗淋漓后身心的轻松惬意是我从未有过的感受。在奥森优美的环境中奔跑,似乎自己也成为一个追风少年,内心的阴霾逐渐散去。当所有流向心里的泪,都化作汗珠渗出肌肤,又于奔跑中被风吹干,就有股勇敢而坚定的情绪满溢,推着人不断向前。我想,这不仅仅是多巴胺带来的简单快乐,更是经过努力的成就感促使大脑分泌的内啡肽的作用。

想起冯唐说的:"人生苦短,想不开的时候,跑步。还想不开,再多跑些,十公里不够,半马;半马不够,全马。"我也在心里笑着念叨了一句:"不开心的时候,与其流泪,不如流汗。"从另一个角度说,人很容易用未能释放的能量喂养负面情绪。所以,我们应该为自己培养一个无关功利的爱好,那个小小的爱好,在很多的时候就是我们疲惫身心的救命草。跑步于身、于心都是有益的,分出一些认真、一些时间,用跑步滋养身心,使身心有元气,有热情,有充沛的能量,在生命这段旅程中,可尽情尽兴。

薰衣草香:信任与安全感

薰衣草香对情绪的影响是让人产生信任感,因此这个味道代表着信任。这种信任源于第一次参加跑团活动时教练的专业给予我的震撼。

第一次参加跑团活动,教练在一旁悉心指导,没跑几分钟,教练就问我:"您是不是左脚脚踝受过伤?""是不是膝盖有伤?"并建议我去医院做个核磁检查。跑步结束,腿和脚酸痛难耐,第二天去医院做了核磁检查。果然如教练所说,两个部位有伤,让我人为惊讶!虽然以前总是走路多了这两个部位就会疼，但是自己居然完全不知道左脚踝关节韧带一直都是断的状态，应该是几十年前的老伤了！因为一次跑步，遇到了真正专业的教练，我才真正了解了自己的身体，也才开启了科学运动的后半生。

所谓"外行看热闹，内行看门道"，任何领域都需要专业的引领。除了具体的技术，跑步教练需要清楚很多与身体健康相关、与科学运动相关的知识。因为专业，所以信任，这第一份信任给予我跑步的安全感，成为我坚持跑下去的底气。由此，跑步为我开启了一种新的生活方式。

性格使然，喜欢一件事，或者有兴趣的话，在决心上路时，我会多做些"攻略"，沉淀积累一些"心法"，让接下来的这一路有所依凭、有所选择，走得更加顺畅与高效。科学的运动带着那抹"薰衣草香"让我重新认识自己的身体，让我循序渐进，也让我更加自信快乐。

快乐鼠尾草香：鼓励与陪伴

> 快乐鼠尾草香代表着鼓励与陪伴，这种味道不仅是我跑步时的感受，更是教育创新跑团的味道，由己及人，我将这种味道不断扩散、传递。

"王校长，想求您救救我的孩子，都快两年没上学了，每天就是在家睡觉、打游戏。"一位多年未见的老友打电话给我，电话中充满了焦虑与无奈，令人心疼，于是相约找个老友小聚的机会把孩子带出来聊聊。聚会只有我和这对母女，安排在了一个非常随意但是安静的茶座。女孩个子很高，14岁的年纪，初次见面，低着头，不说话，仅仅是打个招呼的短暂相视，我却看到了孩子眼中游离的目光与茫然的态度。于是我和孩子妈妈开始叙旧聊天，并不在意孩子是否参与。聊到我的变化，朋友说我的状态特别好，比以前年轻，而且身体也更加轻盈。我当然少不了聊跑团的故事，说到跑团的欢声笑语，说到跑团每个人积极的状态，那是一种生命的活力与蓬勃之美；又说到跑团成员之间相互的鼓励、支持与陪伴，那是一种以温暖融化心灵的情感之美。渐渐地，我看到孩子把头抬了起来，偶尔还会闪现出一丝笑意，于是我提出让朋友带着孩子来跑团观摩一次。没想到在下一次跑团活动的时候，她们就来了！我陪伴着朋友和她女儿加入了欢乐的跑团，以跑步为载体，启发与鼓励孩子打开心扉，此后也抓住每一点契机，在孩子最需要的时候给予引导或鼓励，同时帮助她父母做出调整与改变。一个新学年的开端，朋友兴奋地告诉我，孩子到了一所新学校，每天很开心地上学了，有了力量感，并且找到了自己努力的方向。父母的开心溢于言表。

在一个很"卷"的时代，社会充满了焦虑，教育更是如此。

各种超前学习与报班补课充斥着这一代孩子的生活，太多家长把学习理解为刷题，把成功定义为高分，把成长理解为得分，于是忽略了大脑发展的规律，忽略了孩子成长的规律。作为教育创新跑团的成员，我们经常在跑步中、跑步后不自觉地讨论着教育问题，也会查阅青少年脑科学研究的最新文献和资料，并且用自身跑步过程中的感受作为反思的素材，不断反思教育行为，在焦虑的时代尽力去治愈焦虑的家长，帮助孩子获得更加科学的成长空间。其间我还发表了《跑步与阅读助力孩子健康成长》一文，呼吁教育者关注家长的教育价值观，重视孩子的身心健康发展，注意培养孩子良好的生活习惯与品质、人格，用跑步与阅读为孩子一生的发展赋能。

后来我用同样的方式，把几个学生带入跑团，他们的改变堪称脱胎换骨。我带着那一抹快乐鼠尾草香，用自身的改变影响周边人，用对教育行为的深刻反思来帮助学生，把跑团的快乐与温暖分享给每一个人。这一切，跑团的同道者都是我的陪伴和见证。"因我的存在而让周边的人更加幸福"，是我多年以来的行为准则。如今，跑团为我赋能，让我有更多的能量把爱和力量传递出去，我深感幸福。就像副团长所说，跑团就是个能量场，让懒散的人能够自律，让软弱的人变得坚强。

我很喜欢的一本书《瑜伽上师最后的十堂课》里写道：

要想接近这个世界的真实,就需要去体验和品尝,如果品尝后能感受到一种非常真切的甜蜜,那么它就是真实的,也是美的。

于我,跑步就像一杯适口的红酒,神奇地消解了各种负面情绪,让我振作精神再出发。也期望,阅读此文的您,能借由跑步,或任何一个兴趣爱好,变得更喜欢和珍惜自己独处的时间。用禅宗的话说,这是一种不必"心外求法"的快乐。而当一个人不再"心外求法"时,面对人生未知的际遇,就会积攒起一些从容和信心!

王红军,教育学博士,北京市西城区教育科学研究院研究员,教育创新跑团骨干成员。

奔跑是格外美妙的事

□ 王伟

> 教育激情与健康的精气神融合在一起,能让人生始终有一种向上升腾的感觉——纵使活不出云蒸霞蔚的大气象,也有豪气干云的小豪迈。

关于跑步,村上春树说:"我所做的只是在自己炮制的惬意的空虚和怀旧的静默中不断奔跑,这是一件很美妙的事……"

从跑 1 公里呼哧带喘,到完成 42.195 公里的马拉松,我逐渐体会到了村上春树这段话所包含的情绪。

在奔跑中与自己对话

我曾经"玩"过许多运动项目——滑雪、骑马、赛艇、徒步,2019 年春日的一天,老朋友黄向伟发在朋友圈的跑步视频吸引了我,又激起了我对跑步的兴趣,于是赶紧联系加入跑团,开始了自己的跑步生涯。在每周约定的时间，我都准时来到奥森，加入跑团集体跑，在大家的带动下，我逐渐从跑1公里呼哧带喘到完成半马、全马不在话下。

有人说，跑步一个月可以降低体重，三个月心肺功能变强，半年后身体免疫力增加，一年后摆脱"三高"疾病，三五年之后，身体机能和精神面貌就会明显超出同龄人。这些在我身上得到了明显的印证，我深感到，跑步是最经济、最安全、最有效、最自由的体育锻炼方式之一。自从加入跑团后，我就钟情于跑步了。外出时，旅行包里总放着跑鞋，很快就感受到了在异地坚持跑步的乐趣：欣赏到更多不同的风景，感受不同的环境和心境。

随着时间的推移，跑步对我来说除了是一种锻炼方式外，也成了我的一种生活方式——与自己对话、和自己相处的方式。在奔跑中，我更能感受到：人生是一场自己与自己的较量，是一个不断自我迭代的过程；跑步让我不断突破自己的局限和极限，发现一个更加丰富、有更多可能性的自己；跑步让我体验用身体切开风、用双脚丈量地的感受，沉浸在澎湃的心流之中，忘掉世俗的烦恼，丢弃内心的浮躁，见自己、见天地、见众生。从这个意义上说，跑步在锻炼身心的同时，也在锤炼着人的灵魂。

一个人可能跑得快，但一群人才能跑得远。教育创新跑团是有缘人一起构建的一个桃花源。跑团里每个人的生命状态都很好，大家共同构筑了一个轻松、快乐、向上的氛围，互相影响，让每个参与其中的人都更容易坚持跑下去。

人生和教育亦如长跑

跑团和跑步深深影响了我，又进一步影响了我的工作和同事。我是从事教育工作的，我服务的海嘉学校，提倡让教育赞美生命，倡导健康丰盛的教育生活。

我自己跑步后，也特别希望影响同事们加强身体锻炼，以健康的体魄快乐生活，更好地教书育人。2020年5月疫情期间，在跑团朋友、北京马拉松协会会长赵福明和跑步大神黄良进的帮助指导下，北京、天津、贵阳三所海嘉学校同时举办了海嘉MINI马拉松友谊赛。2020年10月，在跑团的帮助下，我们又在北京奥林匹克森林公园举办了海嘉跑步节，许多教师、学生、家长，一起欢快地跑了起来。海嘉学校还成立了教职工跑团，许多同事加入跑步的行列，精神面貌为之一新。

"无体育，不教育；无运动，不青春。"贵阳海嘉学校的韩方燕老师，每周五大课间都带着她的学生们环校跑，这个习惯一直坚持了下来。作为教育者，我们希望孩子们能在坚持中，养成跑步的习惯，筑牢健康的根基，既留下美好的成长记忆，也经由体育获得健全的人格教育。

中西方都对体育的教育作用甚为重视。著名的伊顿公学设有体育必修课和27门体育选修课。长期、高强度的体育运动，使学生练就强健的体魄，也磨砺了人格，培养了学生的公平竞争意识、集体合作精神和坚韧顽强的意志品质，这是作为"绅士"的基本品质。

中国现代教育发蒙之时，创办了南开系列学校的大教育家张伯苓就对校长提出过一个标准："不懂体育者，不可以当校长。"张伯苓认为：德智体三育之中，中国人最缺者为体育；近代中华民族之大病有"愚、弱、贫、散、私"五端，其中"弱、散、私"三病均可通过体育来根治。齐邦媛在《巨流河》中回忆过抗战时期重庆南开中学的生活："每天下午三点半，教室全部锁上，每个人必须到操场参加一种球队，除了下大雨，天天练球、比赛，无处逃避。"在那样艰难的时世里，张伯苓先生依然坚定地贯彻"Strong in Mind and Body"（身心强健）的原则，培养学生坚强的意志和强健的体魄。

今天的教育环境比那个时代优渥了很多，但先辈的志向与精神仍时时警醒着今天的教育者。《海嘉学校教育理念手册》里有一句话："人生和教育，都是底蕴与价值观的长跑。"教育就是一场马拉松，使人成功的，不是时起时停的间断冲刺，而是昂首快步的稳定前行。人生更是一场马拉松，时代需要的，

∨ 佚名 摄

不是欢呼和掌声捧起的温室花朵,而是汗水和挫折中长成的参天巨树。今天我们践行以体育人,也是在贯彻这样的教育理念。

跑步是最适合教育人的运动

读书和跑步,是成本最低的生命提升方式。这两项活动,都是最适合教育工作者的。生命在于运动,教育人的生命更在于运动——用运动来强壮自己、影响学生。调查资料显示:由于久坐工作、精神压力、运动不足等原因,一些教育工作者的健康状况不容乐观，有相当高比例的教师处于不健康或亚健康状态。我曾经在第八届教育创新年会上，做了"教育人身体健康管理"的分享，结合自己跑步的感受，建议教育工作者特别是一线教师都来参加体育锻炼、跑步健身。

健康是人生的第一财富。教育工作者不应该只是蜡烛，辛苦到油尽灯枯；更应该是太阳，生活得闪闪发光。沉浸在奔跑中，会给人带来奔放的激情。保有激情，对教育者非常重要。教育不应只是去回应现实世界，更要在学生心中建立一个理想世界。教师应该是理想主义者，根植于现实的大地，不断地向理想奔跑。而在精神上向理想奔跑的人，肉体也要同步奔跑。只有保持身体健康，才能拥有更多的能量，去实现精神上的理想。教育激情与健康的精气神融合在一起，能让人生始终有一种向上升腾的感觉——纵使活不出云蒸霞蔚的大气象，也有精神不倒、豪气干云的小豪迈。

我非常推崇陶行知先生的每日四问："第一问：我的身体有没有进步？第二问：我的学问有没有进步？第三问：我的工作有没有进步？第四问：我的道德有没有进步？"对人生旅程来说，教育是一项长期主义的事业，少有捷径，没有止境，路途漫长。在这个旅程中，每天"四问"，才能每日精进。而跑步是我特别推崇的契合"四问"要义的方式，因为坚持跑步的人，大多是坚持与自己对话、注重反思自省的人。

村上春树在《当我谈跑步时，我谈些什么》一书中引述："Pain is inevitable. Suffering is optional." 他说其微妙的含义难以准确翻译，简单的直译是"痛楚难以避免，而磨难可以选择"。人活着就是含辛茹苦，每个人都无法避免受苦，但能选择受哪种苦，而做自己喜欢的事，辛苦就只是化了妆的祝福。

祝愿每一位在人生旅途中坚持奔跑的人，都能在沿途的风景里，收获独属于自己的美好。

王伟，北京师范大学比较教育学博士，中国教育科学研究院教育学博士后。中育集团董事长，海嘉学校理事长。

跑着跑着,花就开了

□ 杨文芝

> 相对进无止境的"奋力快赶",我逐渐更喜欢顺其自然的"漫跑放松":不执着配速、不炫耀距离、不过度坚持。

2023年6月10日,跑完贵阳首马发朋友圈,有个朋友回复了一句:"真想不到,你居然爱上跑步并一直坚持着。"是的,从曾经的"懒癌晚期重症患者",到现在的马拉松安全完赛者,我实现了从"走出来"到"动起来",从"跑起来"到"嗨起来"的升级蜕变。

"3公里"到"42公里"

2021年3月初,我还是一只超重的肥圆小胖,偶然认识了教育创新跑团的"跑神"鲁靖,她上下打量我的身材,先说我可能脂肪肝,后来语重心长地劝我"动起来",给我推荐3公里法特莱克跑(一种边走边跑的跑法,适合初跑起步者），我一边表面敷衍一边内心拒绝：跑步，这是在和我开玩笑吗？

之后的 3 个月，每次见面，鲁靖都会不厌其烦地鼓励我，周围好几个跑团的资深跑友也不断劝我"跑起来"。她们一直强调真的不难，并且确保只要跑了就会爱上。我从最开始心安理得的敷衍，到心虚紧张的"蠢蠢欲动"：如果一直不运动，这群可爱的瘦女人就要抛弃我了。

6 月 1 日，经过数次的前思后想、前瞻后顾，买了新跑鞋的我，在走走跑跑跌跌撞撞中，完成了首个 3 公里，一种愉悦让我忍不住惊喜：跑完步，感觉呼吸都是甜的！

8 月 20 日，我 PB 达到了 7 公里（回头看平均配速是 9 分钟），当时内心非常激动——经过两个多月不间断的"努力跑"，从一步一步的痛苦挣扎，到随心所欲的自由自在，我喜欢上了这种心随脚步的感觉。每周抽出一些时间跑步，感受空气的甜蜜味道，对话舍弃杂念的简单内心，我渐渐成瘾。

9 月份，在教育创新跑团"政委"华蓉姐的督促与"忽悠"之下，也怀着"初生牛犊"的孤勇，我报名了教育半马 10 公里，当时的想法是：最后 3 公里，哭着应该可以走完。

10 月 10 日，和华蓉姐、芳书记等人全程跑完了 10 公里。一路跑一路聊，下午我累得有些晕头转向，不过现在回想，那次的 10 公里应该算是一个里程碑式的胜利和小小进步。

∨ 黄向伟 摄

　　10月31日，加入教育创新跑团。每个周日的奥森跑，逐渐成为我生活中的一部分，跑过冬雪、跑过春花、跑过夏雨，许多的美丽故事次第发生。

　　2022年4月20日，春天谷雨，在跑了几个15公里后，我和鲁靖相约长安街，本预计跑18公里，结果一欢乐就直接跑了21公里；24日，在鲁靖以及晶灵组合的陪伴下，22"公岁"生日当天的我，跑了22公里，完成了人生首个半马；2022年全年，完成5个半马，基本实现半马自由。

　　2023年6月10日，爽爽贵阳，在周建华老师和王哥、慧晶女神的陪伴拉扯下，我顺利完成了首场马拉松（42.195公里),还是18个长短坡的超虐"坡马"!

就跑步这件事,从"被动"到"主动",从"痛苦"到"悦享",从"3公里"的艰难踱步,到"42公里"的惊喜超越,许多当初看似很艰难甚至完全不敢想的事,在不断的努力中,竟水到渠成、自然而然地实现了。

"往外修"到"向内求"

从开始的艰难起步到体验奔跑的快乐,从一个人的"独行侠"到一群人的"欢乐跑",跑步带来的快乐,远不止运动本身,它还带来了很多意想不到的体验、喜悦和意义。

比如享受当下的从容感。

山前山后各有风景,有风无风都很自由。在奥森,我们一起跑过微雨的初春,跑过炎热的酷夏,跑过红染的深秋,跑过皑皑的冬雪。每个周日,我们如约相聚在奥森。雨小时,我们享受蒙蒙细雨的浪漫;雨大时,我们享受浑身湿透的勇敢。与跑友们相聚在一起,面对不是特别过分的各种"恶劣天气",体验各种恰是因为天气不够完美才有的特别的快乐——从容享受当下。

再比如随时随地的仪式感。

春分跑、秋分跑、元旦跑、新年跑;故宫跑、中轴跑、二环跑、颐和园跑;大年初六跑"吉象(祥)"、端午舞"龙"

跑、六一系上红领巾跑……。春风、绿意、星辰、山野，我们在跑步中融入了内心的美好情感，留下了许多珍贵记忆与温暖祈愿，赋予这些日子以特殊的仪式感。

又比如科学专业的传帮带。

不知从何时起，跑团的相互拉扯陪伴成为一种传统。鲁靖和晶灵组合带我跑半马，后来我带珍珍跑半马，我们一起陪刘谦老师跑16公里，这种温暖的陪伴、拉扯与鼓励，让我们一步步跑得更好。后来想跑全马时，又和跑团的几位大咖一起刷二环（一种比较流行的跑步仪式，环北京二环一圈，是32.7公里）。一路走来，跑团的传帮带精神，让我既积极勇敢，又懂得进退。

还比如一路相伴的温暖感。

每个周末的奥森，北京马拉松协会会长赵福明的专业拉伸指导，跑团秘书长郭小川的超强补给，还有跑团团长黄向伟为我们拍摄剪辑的走心视频大片，这些温暖陪伴我们走过四季。记得有一次奥森跑正值元宵节，小川老师现场煮了热腾腾的元宵，团长为每个人拍下了品享元宵的美丽瞬间——这些跑步之外的惊喜礼物，是有情岁月里珍贵暖心的馈赠。

最后还有相互照耀的心连接。

2022年8月，在鲁靖的引荐下，我加入黑暗跑团成为一名志愿者。开始以为主要是自己帮助盲友跑步，后来才发现，他们中有很多优秀跑者,配速和距离远在我之上,他们在逆境中积极、乐观、自信、勇敢,是我学习的榜样,也帮助我成为更坚强友爱的人。每一个周四早上,我们彼此"照耀",我是他们的"眼睛",他们是我心灵的"窗户"。

跑步的诸多意义,让跑步不只是跑步。从曾经的身体动起来,到逐渐体验内心深处的喜悦,从"往外修",到"向内求",这个过程是心灵成长,是欢乐喜悦,是生命的谦卑与觉醒。

"向快跑"到"向慢跑"

跑完贵阳马拉松之后,全程陪伴拉扯我一起跑马的周建华老师和王哥,建议我不要一味求快,要适当学会控心率慢跑。比如日常跑,保持135心率730配速,每次10公里。这样坚持3个月,身体耐力会大幅提升,比每次630或者600配速更划算,更能进步,且更快乐。

从为了追求进步而不断强练,到重新回归730慢跑,我体会到了"慢下来"的从容与快乐,也更能用心去感受身边的树木与阳光、花香与鸟鸣。与好朋友一起欢乐跑的时候,也可以很从容地聊聊天。当放下心中的执念,这种松弛而淡然的状态,让我感觉无比轻松和快乐。有拼劲,但是不较劲;去努力,但不用蛮力。

最重要的是,当懂得"放下"的时候,我得到了更长久的自信心和坚持下去的确定感。有氧跑＋渐进跑＋间歇跑＋长距离慢跑，结合适当的力量练习，才能让跑步的效果事半功倍。放下急功近利的心态，才能在日复一日的努力中，让一切更好地实现。这多像我们的人生，抱定"长期主义"的心态，以更科学的方式努力，才更容易获得成功。

华尔街的传奇人物卢西恩·胡伯尔（Lucien O. Hooper）有一句名言："给我留下深刻印象的，是那些整天很放松的长线投资者，而不是那些短线的、经常换股的投机者。"人生很像一场马拉松，起跑没有那么重要，偶尔的摔倒也没有那么重要，而在每一种当下，不抛弃不放弃，一直稳定向前，才能真正赢得胜利。

"慢下来"之后的另一个收获是，学会了"延迟满足"（delayed gratification）：让心中的梦想或者目标，有一个耐心耕种和等待的过程；有了耕种和浇灌的耐心等待，长出的花、结出的果实，才更动人。是的，在这个多数人都醉心于"即时满足"（instant gratification）的世界里，懂得"延迟满足"的道理，或许已经先胜一筹了。正如奥森跑道上的一句话："慢下来，你才能跑得更快"。

相对进无止境的"奋力快赶"，我逐渐更喜欢顺其自然的"漫跑放松"：不执着配速、不炫耀距离、不过度坚持。我也在长期的奔跑中，得到两点感悟：第一是"见贤思齐"，学习别人科学的跑步和训练方法，学习他们的刻苦上进和勇于挑战，但不和他们比速度比能力，努力但不激进；第二是"和而不同"，在跑步乃至生活的方方面面，最重要还是做自己，按照自己的节奏享受每一个当下，安定内心，也就可以安定外在的世界。

杨文芝，教育创新跑团骨干成员，黑暗跑团志愿者，全马体验者。

2

跑步是一种修行

@ 今日跑步人

跑得快是能力，跑得慢是美德。跑得快是本能，跑得慢是本事。

没有太晚的开始，就从今天行动。总有一天，那个一点一点可见的未来，会在你心里，也在你的脚下慢慢清透。

与时间做朋友

□ 王芳

> 跑步给我提供了一个与自己独处的机会——摘下耳机,倾听自然的声音和内心的思考,复盘过往的工作,规划未来的发展,和周围的环境融为一体,发现诸多美好瞬间。

常常有人问我:每天一大早就看到你发晨跑的朋友圈,还有那么多的工作和会议,你是怎么坚持跑步的?

敢于开始:跑出第一步就是自我改变

跑步大概是门槛最低的运动了,有一双舒服的鞋,甚至光脚都行,对装备和场地没有特别的要求,也不受季节的限制。跑步需要做哪些准备?答案很简单:迈开双腿开始跑。这看似简单,我还记得自己曾经在家里光脚连续跑了10公里——什么样的条件都能跑,这就是跑步的魅力;同时它确实又挺难,

∨ 黄向伟 摄

坚持跑步对大多数人而言都是挑战。

身边的好多朋友都说,你太有毅力了,坚持每天跑步太难。的确,我们放弃跑步的理由总是有很多:冬天太冷,夏天太热,时间太紧张;平时太忙太累,在家没事的时候就想空调 WiFi 西瓜"葛优躺",刷刷视频追追剧,网购一下……。享受当然是更容易的选择,但如果你想成为更好的自己,就得改变自己的观念。时间就像海绵里的水,这是一个朴素的真理,也一样适用于跑步。当你真正想充分利用时间,和时间做朋友的时候,"忙"和"累"就不是"懒"的借口了。

我是学德语的,歌德有句关于珍惜时间的名言:"在今天和明天之间,有一段很长的时间;趁你还有精神的时候,学习迅速办事。"时间对每个人都是公平的,一天只有24小时,每个人都要找到适合自己的节奏,合理安排学习、工作、运动和休息,保持良好的状态。

我曾对自己跑步的时间做过统计,晚上跑步的时间明显少于早上。原因有三:一是经常需要在晚上处理一些紧急且重要的工作,这会影响跑步安排;二是临时性的会见不可控,每一位到访嘉宾都是重要的合作伙伴;三是晚上回家还要照顾孩子、陪伴家人。所以我主动选择了晨跑——每天5:30睁眼即起,运动一个小时左右,然后照顾孩子们起床、吃饭、上学,从容准备上班。

除了有规律的晨跑,我还抓住一切可能的机会跑步。去年冬天,我去北京火车站接家人,冬天的站前广场还是相当冷的。在等待的间隙,我决定在寒风中跑一会儿。在慢慢奔跑的过程中,身体逐渐被运动散发的热量温暖,连心都热了起来。当时我觉得自己非常应景,火车站会聚的人们,或即将到达,或正要出发,就像跑步一样,总在追逐目标,总会重新开始，总会让你发生改变。而我们要做的就是敢于开始，跑出这最容易也是最难的第一步。

坚持就是胜利：享受独自奔跑，启迪同道中人

一日之计在于晨，最宝贵的时间恰恰最容易在不知不觉中被浪费掉。晨跑是我拥抱新一天工作生活的好方式。神清气爽的状态，足以让我高效地面对接下来一整天的工作，提升单位时间效能，增强时间自控力。跑步的开始和中途往往是最难的。启动前容易"想太多"，有畏难情绪；中途则易疲惫，容易心生放弃之念。而坚持住，就是一场酣畅淋漓的胜利。这样的道理，也给我的工作和生活增添了诸多的信心和定力。

不出差的日子，我会经常参加跑团组织的周末集体活动，和跑友们一起跑步；更多的时间里，我享受独跑。有人说独跑没有人陪伴，没有人言语鼓励，未免太过孤独。但这种孤独感恰恰锻造了一个跑者内心的坚定，也打造了一个独立的思考空间。在智能化设备无处不在的当下，我们的生活被各种信息切割，给自己留下完整的思考时间是相当奢侈的，而跑步就给我提供了一个与自己独处的机会——摘下耳机，倾听自然的声音和内心的思考，复盘过往的工作，规划未来的发展，和周围的环境融为一体。由此，我惊喜地发现了诸多美好瞬间，比如阳光照射在刚绽开的花蕾上，露珠在草丛中

发光。那些瞬间或许微小，却足以让人感受生命的蓬勃、温柔的力量。

享受独自奔跑的同时，我也非常珍惜能够与我共同奔跑的跑友们。每个人跑步的习惯都有所不同，有人习惯晨跑，有人习惯夜跑，有人喜欢跑道，有人喜欢公园。在同一条路上，不同人的配速也可能有很大差异。在奔跑中遇到与我志同道合的跑友，我倍感幸运。我们一起分享周围的风景，见证彼此的汗水和努力，这份情谊如同家人般珍贵。

在奔跑中追逐教育梦想、探寻教育未来的教育创新跑团就承载了这样宝贵的情谊。教育创新跑团不仅有共同的步伐、共同的语言和共同的目标，更有为祖国健康工作一辈子的信念和为国家民族强大而奋斗的追求。这样的"团魂"激励着跑团里的每一个人，也促使外研集团成立了独具特色的京城跑团。

外研集团有2300余名员工，编辑、教研队伍比例较高，长期伏案工作容易引发亚健康问题。2021年是中国共产党成立100周年，也是北京外国语大学建校80周年。北外作为我们党创办的第一所外国语高等学校，生于抗日战争的烽火，传承了为党而生、与党同行的红色基因，与北京第三十五届卢沟桥醒狮越野跑主题颇有渊源。在我的倡导下，集团党委决定于当年7月成立外研跑团并参与该越野跑活动，号召社内喜欢或者愿意运动的同事们利用空余时间一起"动起来"。9月，外研跑团在第三十五届卢沟桥醒狮越野跑中获得团体第一名。这既是庆祝建党百年，也是给北外80周年校庆的一份特别献礼。10月，外研跑团参加了第三届中国教育半程马拉松赛，以奔跑姿态展现了健康阳光、积极向上的风貌。外研跑团的建立如同一条纽带，营造了积极向上、追求健康的团队氛围，增强了凝聚力和向心力，实现了从一个人跑步到一群人跑步、从一个人爱运动到一群人爱运动的飞跃。很多同事都跟我说，只是每天抽出时间去锻炼一小会儿，整个人的状态就有很大的提升。

"真正的影响力不是鲜花和掌声，而是真实地启迪了别人，推动他们去改变自己的生命。"这是引导我开始跑步的引路人、跑友华蓉博士赞誉教育创新跑团的一句话，也正代表了跑者的精神。

跑中所思：管理时间，自我评价，过程就是目标

快节奏的时代，时间似乎永远不够用。不管是跑步时间的规划、跑步路线的制定或者是从事任何一项复杂的工作，我们都需要提高时间管理能力。每一个人都不是天生的时间管理大师，我们对于时间的掌握、利用，永远都是通过"实践—调整—再实践—再调整"来不断完善。在日常工作中，我有

三个提升工作效率的小窍门：一是坚持"八二原则"，优先处理紧急重要的事情，避免"胡子眉毛一把抓"；二是坚持"日清日毕"，当天的事情当天处理完；三是及时分工与授权，将专业的任务布置给专业的人来完成，抓好落实。

习近平总书记曾说过，抓好任何一项工作，都要处理好三对时间关系：一要处理好昨天与今天的关系，昨天有部署，今天要抓落实；二要处理好昨天、今天、明天三者的关系，昨天的要坚持下去，今天的要有所深化，明天的要取得更大成效；三要处理好今天与明天的关系，今天的一切都必须顾及明天，明天的发展要建立在今天的基础上。这是更高维度的时间管理。

时间管理贯穿于人的整个生命历程中，尤其是在成长阶段。与之相配合，短期评价能让人显性地看到自己的努力成果，收获当下的快乐；长期评价则可以让人看到一段时间的努力成果，有持续的成功体验。短期评价与长期评价的综合运用，既可以让我们关注到每天的活动，也可以培养自己坚持不懈的态度，更有序地安排自己的工作和生活，屏蔽不必要的干扰与诱惑，拓宽自我精神成长的空间。

写下这篇文章的时间，是我使用悦跑圈的第1021天。对我而言，跑步已经不再是几公里、几十公里的距离，而是一步一步、一天一天、一年一年从不间断的修炼，是实现身体和精神自由的路径。在这个过程中,我时刻提醒自己,做一个长跑者,做一个长期主义者,坦然面对自己的状态,坦然面对自然条件。因为跑步所带来的任何一种好处都不是立竿见影的,是短视者无法体会的。每个人的道路和目标都有所不同,不能只是跟随别人,而是要按照自己的节奏向前跑。也许我们跑完一个马拉松,也不过是和别人站在一个起跑线上;但跑步不是和他人的较量,我们每多迈一步,都在离自己的目标更近一些。

在我看来,跑步的意义并非在于到达终点,而在于脚踏实地丈量过这条路,全力以赴,永不言弃。我始终坚信,跑好脚下每一步,就是最好的路。如果你还没有找到适合自己的运动方式,不妨试试从跑步开始。

王芳,外研集团(外研社)党委书记、董事长,外研社社长。

∨ 佚名 摄

在运动中舒展生命

□ 张志勇

> 跑步可以成为一种快意的生活,"享受运动"才是真正的运动。如果运动中缺少了"享受",那不过是意志支配下的"跑动"而已。

人需要健康管理能力

近期,好多朋友对我说,学校放假了,你可以放松放松、休息休息啦!不错,学校已放假两周了,但昨天上午我的团队还在开会交流研讨有关工作,直到下午 1 点,我和团队成员决定放假三周。在和团队成员分手度假之际,我讲了四句话:一是要管理好自己的健康,人生在世健康第一;二是要管理好自己的安全,回家外出要时时注意安全;三是要管理好自己的工作,提高工作效率,度假期间既要休息调整,也要完成自己牵头承担的各项工作;四是要管理好自己的亲情,大家和家人聚少离多,好不容易回到父母身边,要好好尽尽孝心。

这其中，健康管理能力是第一位的，是其他能力的基础。而在这方面，我还是颇有体会的。2019年10月，我离开工作了34年的济南，来到北京工作。除了忙于工作之外，最大的收获就是更加重视健康管理，让自己的体重真正降了下来。一位多年的老朋友见了我，不禁开起了我的玩笑：你那时肚子鼓鼓的，像厅长；你现在身体瘦瘦的，像教授。

管理好自己的健康，控制好自己的体重，身体变得轻盈起来，生命也愈加充满了活力。运动带来的这种幸福，无疑是自我生命的自由绽放，是每个人都能行使的最公平最可及的生命权利。

运动也要有个"家"

在北京，有一个来自教育界的各路大神组成的教育创新跑团，其中不少人是我多年的老朋友。到北京工作不久，我也应邀加入了跑团。

加入京城教育创新跑团后，我向团中的大咖学习如何科学跑步，享受团队运动的快乐。无论什么时候跑步后，大家都会想着去"跑群"打卡，上传自己的跑步"Keep图"和跑步记录，我们在"跑群"相互点赞、鼓励。有一次，我接连两天跑6公里的配速都是5分57秒，跑友们一连串地给我点赞，让我备受鼓舞。

在这里，跑团的领导们对跑团成员关爱有加，每天除了为打卡的跑团成员点赞，还妙笔生花，留下思想深邃、语言优美的文字。在这样的团队里，大家的运动激情无比热烈，一个个像打了"鸡血"，不想运动似乎已成为一件不可能的事。可见，思想和精神的力量多么巨大！

这个跑团，切切实实地成了我的又一个"家"，这个家，是运动的，更是精神的。

让跑步成为一种享受

说来有点汗颜，我加入教育创新跑团这么长时间，真正到奥森公园与跑团各路跑神们一起跑步的次数屈指可数。之所以如此，有两个原因：一个是多数时间，周六都遇到工作安排；一个是我自己不会开车，过去参加跑步确实有些不便。不过，这为数不多的周末集体跑步活动却让我受益匪浅，尤其是纠正了我长期以来形成的不正确的跑步姿势，让我慢慢地体会、学习如何正确跑步。

长期以来，我大都处于"任务运动"状态，就是每天要坚持完成既定的跑步量、步数，那是一种必须要完成的"任务"。跑步须臾也离不开意志的支撑，心中要一圈、一圈地数着，跑过了多少圈，还有多少圈。也有人对跑步不以为然，劝我说，跑步要悠着点，运动不能过量，人一生要走过的路，似乎也是天定的。还有的过来人告诉我,运动过量你的膝盖受不了……

而有了跑团的科学指导,回到北师大的操场上,我坚持正确的跑步训练,慢慢地感觉到,跑步不仅仅是靠意志支撑的运动,而且可以成为一种快意的生活,让人在这种生活中享受运动的快乐!

今天,我对运动有了一种新的体悟,就是"享受运动"才是真正的运动。如果运动中缺少了"享受",那不叫运动,不过是意志支配下的"跑动"而已。

如今,我更多的时候都会带着享受的心态,用心感知、体会跑步的快乐。这时的跑步,人完全是放松的,能体会到跑步的惬意,不需要刻意地去算、去想跑了几圈,离终点还有多少圈,不知不觉中设定的运动目标就达成了。

运动就该这样——享受运动应有的样子!

在运动中舒展生命的自由

大量的科学研究已经证明,运动对于身心放松、疏解压力具有重要作用。或许可以说,运动是治疗心理问题最好的药方。我越来越体会到,一个人越是工作繁重,越是压力过大,越是心情不佳,越要去运动。

不仅如此,美国脑科学家、华盛顿大学医学院客座教授

∨ 黄向伟 摄

约翰·梅迪纳还认为：运动，特别是有氧运动对大脑大有裨益，能够将执行功能水平提高50%—100%。

于是乎，我在北师大的运动场上，常常处于一种"思考运动"的状态，就是在运动中思考、规划一天的工作，形成文章写作的大纲，等等。在这个过程中，跑步成了调动大脑思维的一种外在刺激，大脑的认知效率大大提高，平时无法达成的神经联结，突然在运动状态下连起来了；平时百思不得其解的问题，无法形成的文章框架、思路，突然在运动中豁然开朗；平时无法建构的新的思想、新的概念，突然在这神奇的运动中形成。

　　这时候,运动的欢娱与思想的快乐同在……,跑步的"负担"早已烟消云散,"跑步"似乎只是两条腿伴随着大脑的自由创造自然地向前延展、延展。这时,运动不仅是一种享受,更是一种生命的自由,一种生命样态的创造。

张志勇,北京师范大学教授、中国教育与社会发展研究院教育国情调查中心主任。

365 天不间断

□ 杨慧文

> 跑步贵在坚持,坚持跑步需要优秀团队,坚持跑步能够磨炼意志,坚持跑步有益强身健体,坚持跑步可以增进友谊,坚持跑步增加了宝贵的记忆。

教育创新跑团是一个温暖的大家庭。在跑团的主要组织者杨丹、黄向伟、赵福明、赵伟鹏、张人文、张东升等的关心帮助下,在中国教育学会国际教育分会王芳、刘华蓉等同志的引荐鼓励下,我从 2020 年 11 月 15 日开始第一次参加跑团(时称"互联网教育跑团")组织的跑步活动。当初的我怎么也没有想到,我能坚持 365 天不间断跑步。

刚开始,我只是断断续续地跑,多数时间是个人自由跑。坚持每天跑步是从 2022 年 10 月 15 日开始的,我对那一天印象很深,因为那是党的二十大开幕前一天。从那一天到 2023 年 10 月 15 日,在 365 天的时间里,我每天都坚持跑步,从未间断。一年来，累计跑步里程约1590公里，日平均跑量4.36公里，平均配速约8分钟。一年来，不管刮风下雨，不管外出还是在家，我一直奔跑在路上，在大江南北都留下了跑步的足迹，坚持跑步已成为我不可或缺的一种生活方式。尽管如此，与优秀的跑者相比，我的平均跑量仍然微不足道，还需要坚持不懈地做出努力。

跑步贵在坚持，我的体会与感悟是：

第一，坚持跑步需要优秀团队。近年来，教育创新跑团的凝聚力、向心力不断增强，参跑人数由最初的二十几个人增加到现在的160多人。我感觉到这个跑团的发展，在于建立了三个特别好、特别有效的机制：集中跑步与自由跑步相结合的工作机制、专业指导与领导点评相结合的运行机制、坚持打卡与表彰奖励相结合的激励机制。在好机制之外，又有一群人格魅力、专业水准兼具的人。令人感动的是，每次集中跑步，会长都亲自指导大家如何热身，跑步结束后，又教大家如何拉伸；跑步过程中，团长亲自为大家拍照、鼓劲、加油。这些都让大家受益匪浅。中关村互联网教育创新中心为跑团提供了人力、财力、物力等多方面的支持，令人敬佩。正由于有这样优秀的团队，教育创新跑团越来越受到大家的关注，得到了广泛赞扬。

第二，坚持跑步能够磨炼意志。人都是有惰性的，特别是像我这样已退休的同志,更容易放松自己。跑团每天早晨跑步的安排和打卡的要求,促使我很好地坚持下来。即使在新冠疫情防控政策调整、感染面较大期间,我的跑步也没有中断。记得从2022年12月15日开始,我的喉咙有些不适,当日晚上感觉还有点发热。第二天起床后,虽然没有什么特别不适的感觉,但我也犹豫还能不能坚持跑步,最后还是下决心出去跑了5公里。自12月15日至22日,在这一周的时间里,我每天照常跑步,共跑了32公里。我自感通过跑步增强了免疫力,磨炼了意志,坚定了信心。

第三,坚持跑步有益强身健体。跑步,作为一种简单而又有效的锻炼方式,对身心健康都有着明显的益处。坚持跑步以来,我的消化系统功能增强,免疫力得到提高,"三高"都没有了,各种指标值都在正常范围之内。跑步还让我维持正常体重,保持愉悦心情。每天跑完步,出出汗,冲冲澡,整个人都感到很轻松,一天下来都显得比较有精神。我认为从长远看,跑步作为一种全身性的运动,不仅可以增强心肺功能,提高血液流动速度,而且能增强神经系统的功能,提高反应速度和思维敏捷度;所以对于面临慢性病和老年痴呆风险的老年人,跑步也有预防作用,尤其是参加跑步相关的活动时,与人进行交流,也能促进大脑思考,对老年人益处甚多。总而言之,坚持跑步让我更加健康、乐观、积极和自信,

∨ 杨丹 摄

从而能更好地面对生活中的困难和挑战。

　　第四，坚持跑步可以增进友谊。作为退休人员，特别是像我这样"北漂"（退休后从外地来到北京）的老同志，原来的"朋友圈"越来越小；而主动加入跑团，坚持跑步，"朋友圈"就变得越来越大，跑出成绩有人点赞，跑步心得有人分享，自己的跑步乐趣和动力就增加了。正是由于加入跑团，我结识了很多朋友，当我碰到困难时，他们都会伸出友谊之手，给予热情帮助。所以参加跑团以来，每年的年中小结活动、年终总结大会，我都积极参加，从未缺席。每参加一次活动，都能结识一些新朋友，对我来说，这些友谊都是非常难得、珍贵的。

　　第五，坚持跑步增加了宝贵的记忆。一年来，无论是外出旅游，还是因公出差，我的跑步从未中断。通过跑步，我也更深入地了解了所到之处的特点和民情，欣赏了自然和人文景观。在这365天的时间里，我留下跑步足迹的地方有北京、南昌、抚州、南宁、东兴、广州、海南、郑州、石家庄、沈阳、上海、重庆、成都等。特别是在海南的跑步，让我记忆深刻。2023年3月15日至3月28日，我和妻子自驾游，从广州前往海南，环岛一圈，每个城市住一至两天。这期间我每天坚持跑步，共跑了58公里。特别是3月21日，一大早起来，我在三亚海棠湾的沙滩上跑了5.69公里，这是我第一次在海滩上跑步，特别有意义。清晨的海棠湾，风和日丽，海浪翻滚，让人流连忘返。此外，我还在北京首钢园、南昌赣江市民公园、抚州体育公园、广州南沙珠江湾、郑州二七广场、广西东兴口岸、石家庄人民公园、沈阳抗美援朝烈士陵园、上海黄浦江边、重庆嘉陵江大桥、成都天府大道等地跑步，留下了美好而难忘的记忆……

跑步只是运动的一种方式，与长期坚持多种形式锻炼的朋友们相比，我只是万里长征迈出了第一步。希望在跑团这个大家庭中，继续与大家肩并肩、手拉手、心相连，为推动全民健身活动的开展，做出应有的努力！

杨慧文，中国教育学会国际教育分会副理事长，江西省教育厅原副厅长。

跑出健康快乐

□ 张人文

> 热爱支撑我们坚持跑步,而那些坚持,那些看似平常的日复一日,会在某天让我们看到它的意义。

"你怎么有点喘?"

2021年的一天,朋友在开车送我回家的路上,突然问了这么一句话。我下意识看了看自己,中年人的"标配"——"啤酒肚"悄悄长在身上,让我在相对狭小的空间里呼吸有点急促。这对曾是军人、自诩体格强健的我来说,有点不忍直视。我决心锻炼、减肥,于是开始了时有时无、断断续续的健身、跑步。没想到,慢慢竟然跑出了"名堂"——不仅跑步坚持住了,身体、精神也发生了让自己惊喜的变化。

跑步之初体验

跑步,是人生下来的一项本能。追溯起来,我的跑步初体验,应该发生在老家农村的童年时代。

我的微信名叫"俺是农民",朋友加我微信的时候,都会问:"你真的是农民?"实事求是,我真的是农民,地地道道农民的儿子,在农村扎扎实实地长到20岁,然后才离开了我热爱的家乡。在这20年间,掐头去尾,和土地实实在在打交道、干农活怎么也有10年多。胶东农村田间地头的农活,从种植、田间管理到最后收成,我全都干过,所以北方的农作物、经济作物我都认识。

可以说,我的童年、少年乃至青年阶段,都是在繁星满天、蛙声一片的乡村里度过的。特别是童年、少年阶段,那时候没有所谓的"内卷"和"鸡娃",孩子都是"散养"的。现在回想起来,跑步占据了我那时候的大部分时光:不论严寒酷暑、刮风下雨,上学都是跑着去的,玩游戏、嬉笑打闹也多是互相追逐,寒暑假更是在"地为床天为被"的田野间跑着玩。那时候,除了不学习,什么淘气的事情都干过:掏鸟窝、"偷"大枣、粘知了、打够级(一种扑克玩法)……。所以跑步是我们这些小孩子的必备技能——用来躲避家长的"暴揍"。当然,就算总是跑,也不会感到累;就算是累了,不洗也不擦,爬到炕上闷头来一觉,第二天也就满血复活了——然后继续跑,继续闹。现在想来,童年、少年的很多快乐都是在跑的过程中直接或间接获得的,只是那时的自己不知道

∨ 黄向伟 摄

罢了。这些都是我的跑步初印象。

后来我参军入伍，16 年的行伍生涯，是我人生最大的一笔财富。其间，最显著的一个标签就是跑步。

27 年前的一个冬日夜晚，我这个来自胶东的农村娃，坐着绿皮火车到了北京站。出站的一刹那，我真正体会到了"刘姥姥进大观园"的感觉，首都的繁华和霓虹闪烁震撼了我的心。我乘着大巴车，又从一路霓虹到了北京五环外的乡野，那里和我们老家基本一样，到处是麦田、水坑。在这样熟悉的环境中，兴奋的心逐渐归于平静。彼时的心境变化，竟和后来跑步的心路历程是一样的。

第二天早上6点半，沉睡中的我们被一声声哨声叫醒，在老兵班长的组织和催促下，开始了出生以来的第一个5公里。虽然打小就在农村奔跑，但那种跑和军旅的5公里跑相差甚远。那一次，我的五脏六腑翻江倒海，真的快跑吐了，只是凭着年轻能吃苦的那股劲，愣是坚持下来了。在后续每一天的奔跑中，"翻江倒海"逐渐趋缓为"山间溪流"，习惯了，也就适应了。

成功的人生，就是在自我否定时，咬着牙，一次次冲破所谓的不能、不行，最终实现跃升。我虽然还没有达到成功的境界，但也在这个过程中成长并收获了快乐。

跑步之初"上头"

酒喝多了，会上头。步跑多了，也会"上头"。不同的是，酒上头，头真的会痛；跑步上头，人则会轻松兴奋。相同的是，要想痛快，酒要和朋友一起喝，步要和朋友一起跑。

我刚开始跑步时，是一个人自由跑，很随性，没有明确的目标和计划，就是简单地为了跑而跑，为了减肥而跑。一次偶然的机会，我在和王红军老师聊天的时候，自夸自己热爱锻炼，坚持跑步。当时纯是为了自我炫耀，没想到这一说，让王老师错误地认为又找到了一个志同道合的同志，于是邀请我参加教育创新跑团。

2021年8月29日,周日,我第一次到奥森参加跑团的晨跑,开启了跑步"上头"的人生新历程。说实话,当时为了面子去跑的因素更多一些——热爱跑步的海口夸出去了,不能跌份儿啊。在配速分组时,我还大胆选了10公里630组。这是我跑步以来的第一个10公里,说实话,心里真没底,担心自己跑几公里就会半途而废。没想到,我还真的跑下来了!完成了人生第一个10公里,我的骄傲、自豪无以言表,更难得的是,我切身体会到,一个人为目标努力的状态是多么迷人。

当然,一时的激动过后,要想长久坚持,人还是要不断和自己的惰性做斗争的。第一次10公里的兴奋后,第二周的周日晨跑我就缺席了。这时候跑团严格的监督机制就发挥了作用,王红军老师一通电话打来,问我为什么没有参加跑步。虽然不是领导的责问,不是必须要做的事情,但因为惰性放弃总是个难以启齿的理由。就这样,后来只要客观情况允许,我都积极参加跑团活动。尽管主观上的懒惰思想仍时不时冒出来扯扯后腿,但我终究是坚持了下来,且越跑越"上头"。

跑步之真心爱

我很庆幸,在合适的时候遇到合适的人,和一群志同道合的跑友一起奔跑,一起交流学习,正所谓"连接产生价值,交流催生智慧"。首跑时专业老师的陪同指导,跑不动时团队的鼓励，懒惰时的监督，遇到困难时的支持，都是我坚持的动力。还有跑团的半年总结，欢快的年会，斗志昂扬的爬山越野，都成为珍贵回忆，走进了我的内心，让我真心爱上跑步、爱上跑团。

这热爱支撑我们坚持跑步，而那些坚持，那些看似平常的日复一日，会在某天让我们看到它的意义。有的跑友说："我的心脏有点小毛病，医生诊断不要剧烈运动，吃药将伴随余后人生。这个结果挺吓人的，我还是想尝试别的生活可能性。于是自己从慢走开始锻炼，半年后开始快走，一年后开始慢跑，一直坚持三年多，现在一检查，没有问题了。"还有跑友说："我在做骨密度检查的时候，被诊断为严重的骨质疏松，挺吓人的。当时也不知道除了药物还有什么解决的办法。后来是在好友的带动下，开始参加咱们跑团，慢慢地坚持了下来，一年、两年、三年，变化的不仅是心态，再检查的时候，医生说我的骨密度是30多岁的标准了。开心得不得了！"

对我来说，变化也是肉眼可见："啤酒肚"没了，开车不喘了，体检报告的"箭头"几乎没有了。就连原本有些急躁的性子，也在跑步产生的多巴胺和内啡肽的影响下，变得更温和了。原来容貌显老的我，现在和同龄人比起来不老了，昔日同窗见面都说："文哥这么多年怎么没有变化？"

除了现实的收益，跑步带来的精神愉悦也让人欲罢不能。

阳春三月，嫩芽花苞竞相生长，奔跑于一派勃勃生机中，妙哉！似火七月，映日荷花别样红，奔跑于夏日炎炎中，爽哉！金秋十月，满城尽带黄金甲，奔跑于层林尽染间，美哉！隆冬时节，千树万树银装素裹，奔跑于苍茫天地间，壮哉！而在这一切过程中，跑团精神常常陪伴，温暖常常陪伴。

在这样的真心热爱之中，我学会了取舍和控制，学会在不想动的时候，再往前走一步。再往前走一步，会品尝到痛苦，但这种痛苦，会带领我进入生命的另一个层次，让我不恋过往，不惧未来，只专注于当下。

跑步，不应该被理解为左右两条腿交替前行的机械运动。在四季更迭里，跑步让多巴胺与汗水齐飞，让我们倾听身体的律动，体验自然的力量，感受源自心底的愉悦，拥抱健康和自由！我想，这就是跑步的意义吧。未来我仍然要一直跑下去，和我的跑团一起，不负当下，努力前行！

张人文，教育创新跑团副团长。

我的第一个半马

□ 范文霞

> 在跑步的日子里,我重新认识了春日的草长莺飞、夏季的小荷尖角、秋日的碧天黄叶、冬天的六出飞花。

2022年4月下旬,北京又发生了新一轮的新冠疫情。为减少疫情传播,我们原本打算"五一"假期去平谷金海湖放空的计划也只好取消,可惜了红紫争艳、浅草流莺的遍地春光和煦日清风、天高云淡的好天气。

虽然去不成平谷,但渴望外出撒野的心仍按捺不住。终于有一个让人振奋的消息,教育创新跑团的跑友们打算去跑北京中轴线半马。半马毕竟是20多公里,初听有些生畏,用先生的话说是"光想想就令人腿软",但久困家中的我和先生最后还是决定参与。理由有三:一是跑中轴线能感受北京的历史文化;二是挑战自己;三是丰富假期生活。

5月3日早晨4:40,热心的黄向伟团长和夫人开车接上我们。5:20，我们到达集合地——北京育才学校（紧邻北京古代建筑博物馆）。简单热身、准备之后，沐浴着初升的朝阳，踏着洒过水的清爽路面，我开启了人生第一个半程马拉松之旅。因为时间比较早，加上疫情防控，前半程路遇行人很少，也几乎没有车辆通过，沿途只有清凉的风、摇曳的树、斑驳的阳光，以及历经沧桑世事的古老建筑陪伴着我们。少了城市的喧闹，我们一行人的脚步声显得清晰、整齐，格外动听。

这次的路线始于先农坛体育场，终于鼓楼，途经永定门城楼、天桥、正阳门箭楼、中国铁道博物馆、北京市人民政府（旧址）、东华门、太庙、午门、社稷坛、西华门、角楼、神武门、金锭桥、荷花市场、银锭桥、烟袋斜街、大运河遗址、钟楼等地。跑步中邂逅这些古老地标，和平时有截然不同的体验与感悟。我印象比较深的建筑与街巷有几个：

一是永定门。永定门是北京城中轴线的南起点，也是北京经典的城门建筑之一，寓意"永远安定"。跑友们兴奋地在这座恢弘的城门前拍照留念，然后开跑。

二是鲜鱼口。在我的心目中，"鲜鱼口"是最有老北京生活气息的地方。据传运河曾流经于此，使这里成为漕运码头，因有人在此贩卖鲜鱼，此地得名"鲜鱼口"。跑步到此，没有时间细逛，我隔街拍了几张照片，想着以后有机会一定再来慢看细品。

∨ 黄向伟 摄

三是午门。很多人对于午门的第一印象，可能多是小时候评书、影视里的"推出午门斩首"。午门就是北京故宫的正门，位于紫禁城南北轴线上，居中向阳，位当子午，故名"午门"。跑友们重拾童趣，模仿小燕子状，依次从"雁翅楼"前的广场"飞"过，广场上一片欢笑。

四是故宫角楼。故宫角楼是出好照片的著名地标，角楼的黄色琉璃瓦顶和鎏金宝顶，玲珑多姿，绚丽辉煌，怎么拍都极美。我常在媒体上和朋友圈里见到它，或在荡漾的春风里，或在潋滟的秋光中，又或在飞舞的雪花中，每个季节都各有其美。看到角楼，就不能不想起它数百载见证的诸多宫廷风云与朝代更迭，也让人生出"旧时王谢堂前燕，飞入寻常百姓家"的感慨。

五是鼓楼。鼓楼坐落在中轴线的北端,位于地安门外大街之北,为元、明、清代都城的报时中心。跑到这里,我不由想起歌手赵雷的《鼓楼》:"如果我无聊了就会来这里坐坐 / 我是个沉默不语的靠着墙壁晒太阳的过客 / 如果我有些倦意了 / 就让我在这里独自醒过"。在喧嚣的城市中,鼓楼仿佛遗世独立,让人找到内心的平静。

除了上述这些地标,京师大学堂旧址、北大红楼、烟袋斜街、大运河遗址等都让人印象深刻。可惜匆匆跑过,不足以静心与它们交流、听它们诉说,不过有了这次邂逅,兴趣的火种已经埋下,将来总有深探究竟的机缘吧。

到了鼓楼,我人生的第一个半马就正式完成了,这23公里,也是我迄今为止的最长跑。能够跑下来,完成自我挑战,纵是毅力与勇气所致,更是得益于团长、团嫂、霞姐、李明、石先生等跑友的鼓励与支持。团长除亲自驾车挨个接上我们,还准备了各种水果、点心与矿泉水,供途中补给。作为土生土长的北京人,团长与夫人一路上不时为我们讲解建筑背后的故事、老北京的人文风情,以及他们小时候的胡同和学校生活。霞姐更是不断关心、加油,时不时问上一句:"有问题吗?""能坚持吗?"让人心里暖暖的。

两年前开始跑步时,我从未想过自己能跑长距离,半马更是超乎想象,是教育创新跑团的团队力量让我一直坚持并不断超越自己。回想加入跑团的契机，还是在2021年春节期间，我和华蓉、郭华等姐妹聚会，其间提及跑步，华蓉姐热情邀我加入教育创新跑团。3月21日我首次参加跑团活动，6月5日被批准"入团"，成为一名正式跑友，之后便越跑越好、越跑越远。在跑团里，我结识了很多能开心交流的新朋友，获得了身心的双重支持——在团长和热心团友拍的跑步图频中能找到自己的身影，每次群里打卡总能得到团友的鼓励，在九霄会长和团长的指导下纠正了跑姿、解决了膝盖不适的问题，等等。这些都让我的团队归属感越来越强，参与活动的积极性越来越高。

参加跑团、坚持跑步带给我很多改变。在跑步的日子里，我重新认识了春日的草长莺飞、姹紫嫣红、绿肥红瘦，夏季的小荷尖角、榴花流莺、蝉躁林静，秋日的碧云天黄叶地、晴空一鹤、枯树老藤，冬天的六出飞花、寒梅沁香，跑过四季风景，全心拥抱世界，这是我自己的星辰大海。

范文霞，北京师范大学校友会秘书长。

追光而行

□ 李晶

> 人生真的就像一场马拉松,那些貌似波澜不惊的日复一日,最终会让你看到一直以来坚持的意义。

时光荏苒,回看才发现,我与跑道相伴的岁月竟然已有十年了。总有人好奇地问我:何以对跑步如此执着?在这漫长的十年中,跑道尽头仿佛有一道光,让我坚定而无畏地,始终向前。跑步赋予我持续的成长。正是跑步,让我学会了如何坚持,如何磨炼毅力,如何自我超越。纵使有时身体疲惫不堪,仿佛重压千斤,每一寸肌肤都在痛苦中咆哮,我也决不轻言放弃。

从畏惧跑步到挑战马拉松

在我心中,"跑步"一直都是一个让我既尊敬又畏惧的对手。小时候,跑步是个让我眉头紧皱的运动。这种畏惧感最早来自小学一年级的运动会，当时有一个400米的赛跑项目，我抱着为班级争光的热情和初生牛犊的勇气，毫不犹豫地报名参赛。当时的我对跑步运动毫无概念，对赛前的准备训练一无所知，虽然用尽全力，仍然跑了个倒数第一。我清晰地记得从赛道回来时的那种羞耻感——我的倒数第一还影响了整个班级的总排名。从那之后，每次提到跑步或赛跑，我总会毫不犹豫地摇头拒绝。这样的状态一直延续到我步入职场之后。

最早的转变契机来自减肥的刚需。我曾经身材适中，但由于怀孕期间运动量大幅缩减，又未能很好地控制饮食，生完孩子后，体重惊人地飙升到了180斤。对于只有一米六的我来说，这无疑是一种沉重的负担。走路时我总是喘不过气来，找到合适的衣服成了一种挑战，甚至弯腰系鞋带都让我感到困难。

2013年的某一天，我在驾车时出现了突然的眩晕，眼前一片模糊，那一刻，恐惧如潮水般涌来。医生告诉我，这是过度肥胖导致的血脂升高，引发心血管供血不足，进而造成了眩晕，必须要开始减肥了。

碰巧的是，我儿子同学的妈妈们，每周六都会在奥林匹克森林公园散步，于是我也加入了她们的行列。起初，我连简单的慢速行走都很吃力。她们步履轻快地走着，我却迈步艰难，无法追上她们的步伐，只能一个人在后面走一段、停一段。在偌大的公园里,我一边走,一边流着泪。流泪并不是因为我害怕,而是因为感到心痛:才30多岁,怎么能把自己弄成这样呢?我决定必须做出改变,发誓不管什么情况下,都每天走5公里。于是,我从慢走开始,再到快走,一天天过去,步子变得越来越轻快,体重也明显开始下降。

  2014年5月的某一日,我如常在国家奥林匹克体育中心锻炼,忽然,一个跑步者从我身边健步如飞地掠过。那一刻,一个念头突然闪现在我的脑海中:或许,我也能跑起来呢?一念起,我的跑步生涯正式开始。最初,我只能慢跑1公里,后来逐步增加到3公里、5公里,甚至10公里。与散步相比,跑步塑造身体的效果更为显著。不到一年的时间,我的体重与跑步前相比,总共减轻了60斤。我已许久未感觉身体如此轻盈,仿佛脱胎换骨。

  不断的进步建立了信心,淡化了我小学参加跑步比赛留下的阴影。从2015年开始,我抱着试一试的心态,逐步尝试了5公里、10公里、半程马拉松等大小赛事,都成功完赛。最令我难忘的是2019年的北京马拉松,这是我第一次挑战全程马拉松,收获了非常独特而深刻的生命体验。

  那天一早,我身穿比赛服装和那双陪我跑过无数里程的跑鞋,踏上了赛道。比赛开始的那一刻,和成千上万跑者一起呼吸、一起奔跑的强烈仪式感,让我心跳加速,激动不已。随着赛程

∨ 佚名 摄

进展,我的心情就像车轮一样在起伏中翻滚。北京马拉松的路线是一个充满各种挑战的综合体,有平坦流畅的路段,也有立交桥的急降和爬坡。在比赛中,我不止一次到了绝望的境地,"放弃吧"的声音就像是从天而降,不受理智的控制,一头扎进我的脑海,这场天人交战一直在比赛中反复上演。但当我跨过终点线的那一刻,所有的困难都变得微不足道。那种释放出的激情,那份无比的喜悦,那种深深的满足感,都在心中激荡,经久不散。参加马拉松比赛,对我来说不仅是完成了一次挑战,更重要的是让我收获了宝贵的经验。比赛中的每一次呼吸、每一次迈步,都让我深深地感受到了跑步的魅力。它既是自由的,又是刺激的,而且充满了挑战。从那时起,我开始相信"相信的力量"!

让你变好的事情，过程都不会轻松

当然，我的跑步之路并非一帆风顺。所有有益于自我提升的事情，其过程都不会那么轻松。在跑步的十年间，我共经历了两次印象深刻的伤病。

第一次是在 2015 年年底，我的右膝遇到了问题。无论是走路还是跑步，右膝都会产生剧烈的疼痛。经过一番研究，我了解到，主要原因是前几年过重的体重以及不正确的跑步姿势对膝盖产生了过大的压力。为了治疗膝盖，我咨询了身边的朋友，查阅了相关资料，发现关键在于不应该避免使用膝盖，而是需要正确地使用。过度的保护反而可能对膝盖产生适得其反的效果。于是，我进行了一系列增强膝盖力量的训练，经过大约三个月的治疗，我的膝盖恢复如初。

还有一次是在 2019 年 11 月，我完成了北京马拉松全程赛事之后，紧接着的一周又跑了一个 10 公里和一个半程马拉松。虽然有着强烈的成就感，但这也为我至今遭受的最严重伤病埋下了隐患。在完成半程马拉松比赛后，我左脚的跟腱出现了问题，疼痛已经到了难以忍受的程度。刚开始因为不太懂，我没把它当作大问题，于是休息了一两天后就继续跑步了。然而，随着疼痛的持续，我被迫去医院检查。结果让我大吃一惊，检查报告显示我左脚的跟腱已经撕裂，如果不及时治疗，可能后果会很严重。那一刻，我整个人都陷入了低谷之中，不知道该如何是好。冷静下来后，我想，我不能坐以待毙，不能放弃跑步。于是我又开始查资料、想办法，通过研究我发现，跟腱撕裂并不是无法挽回的严重问题，只要适当治疗、好好恢复，是完全有可能再次跑步的，这给了我巨大的希望。接下来的两个月里，通过按摩、中药泡脚、冷敷、服药等方式，我的跟腱慢慢恢复了，我终于又能重新站在跑道上了。

这两次伤病让我深刻认识到，运动不全是意志力的考验，运动损伤可能会给一个跑者带来很大的伤害，科学、先进的运动方法是长跑者要迈过的另一个门槛。所以说，事情总有两面性，这两次伤病虽然让我痛苦，但也提醒我学习如何更好地保护自己、防止再次受伤，由此，我还接触了一些增强身体力量的方式，开始更科学、更持久地锻炼。如果要问我，从这两次伤病中收获了什么，我的答案非常简单，那就是精神上能坚持不放弃，行动上讲科学不蛮干——用功不求太猛，但求有恒，熬过低谷，花期不远！

以探究的精神，理解跑步的奥秘

在经历了伤病之后，我更加注意学习、研究与跑步相关的知识。这不光出于需要，更源于我对跑步的热爱——跑步对我的磨炼和启示早已远超运动本身，而我们热爱什么，就会想深入探索它的方方面面。

无论是跑步技巧、训练方法，还是饮食计划，我都会花时间去读书，查资料，要求自己在跑步的世界里更进一步。当我因跑步受伤时，我开始研究生理学，试图理解人体运动的生理机制，以寻找受伤的原因和恢复的方法。生理学帮助我理解了，在跑步中哪些肌肉扮演着关键角色，为何合理的心率可以影响训练效果，以及身体如何将摄入的食物转化为能量。通过深入学习，我学会了如何高效跑步并降低受伤风险——合理的足部着地方式、臂部摆动、身体倾斜等因素都至关重要。跑步训练成了我验证理论的实验场，随着时间的推移，我发现自己的受伤情况得到了显著改善，跑步效率也有了大幅提高。

随着近年来跑步热潮的爆发，我也开始关注和研究运动装备，包括运动鞋的特性、如何挑选适宜的运动装备，以及这些装备会如何影响运动绩效等等。跑步十年，我家的衣橱和鞋柜里存放的大多是各种专为跑步设计的运动服和运动鞋。我试穿、体验了很多跑鞋，也比较了它们的舒适度，然后把我的经验分享给朋友们。

对跑步的研究学习还给我的工作带来了助益。我曾有一段时间从事青少年赛事活动的运营工作，所以我对各种国内外赛事的运营体系特别敏感。我深入研究这些赛事的运营模式，理解其策略，以便把这些知识和经验应用到工作中。跑步赛事也是其中一类，这类赛事有独特的运营体系，涉及活动的筹备、组织、公关和后勤等诸多环节。通过深入参与、不断修正和优化，我不断收获新知识、新经验，工作也得到诸多裨益。可以说，跑步带给我的不仅仅是健康的身体、运动的乐趣，更让我不断自我提升、坚持学习，使我对生活有了更深的理解，有力量更有方法，去面对人生道路上的曲折和挑战。

不期而遇的温暖，生生不息的希望

2019年，我有幸加入了教育创新跑团，在这里我结识了许多优秀的教育人、跑步健将。从他们身上我发现，喜欢跑步的人通常有坚定的意志、独立的性格、积极乐观的态度，而且有强烈的自律和时间管理能力。他们视跑步为一场挑战，通过科学训练和合理饮食，主动预防伤害，以此来挑战自我，实现自我突破。这些优秀的跑者影响和鞭策着我。我们奔跑穿梭于大街小巷，用跑步的方式感受各地的风土人情，也畅聊教育的意义和人生的感悟。跑团有一句经典的口号："相约80岁，我们一起跑！"这不仅是对健康的期许，更是对集体力量、对友情的信念。

2020年，外研跑团成立了，我参与了组建工作。跑团成立没多久，就有近千人加入了跑步的队伍。大家平时自己打卡，只要有活动都热烈响应，这种积极向上的状态影响了身边更多的同事,也为工作注入了新的活力。

就连我家里人也从跑步中获益良多。比如我儿子,他很小的时候就常跟我一起跑步,我们一起参加过鸟巢亲子跑、平谷亲子跑等活动。他一开始连 2.5 公里都很难坚持下来,很多时候都是噘着嘴走下来的。但是在日复一日的坚持下,现在我们说跑就跑,有时还会边跑边聊一些感兴趣的话题。这不仅增强了孩子的体质,还增进了我们的亲子关系。现在,我们母子更像是一对无话不谈的朋友。

因为儿子的影响,最近两年,我更加关注青少年的跑步运动,也在思考如何将跑步和阅读结合起来,助力青少年的健康成长。无论阅读还是跑步,都需要长期的坚持和耐心,哪怕每次只迈出一小步,长时间的积累都能带来巨大的进步。跑步能增强身体素质,更在挑战极限、磨炼意志方面有着无可比拟的作用,能够为青少年打造坚实的身心基础。而阅读则能开拓视野、激发创新思维,让青少年拥有更广泛的知识、更优秀的学习能力。少年强则国强,一个国家的未来取决于年轻一代的素质。我希望为此尽自己的一份力量,推动更多青少年爱上跑步、爱上阅读!

时光不老,你我不散

写到最后,总觉得还有些想说的话没有说完,我想,最后给新手跑者提供几点建议吧,如果我走过的弯路能帮助更多人走上正确的路，那所有的曲折、磨砺、坚持都将有更大的意义：

第一，任何时候开始都不晚。心动更要行动，等待和犹豫是这个世界上最无情的"杀手"。

第二，坚持一项适合自己的运动。无论跑步、游泳还是其他方式，选择一项就行，并且持久地进行下去，"21天养成好习惯"是真的。

第三，做好计划。根据自己的情况制定一个合理的、能够达标的计划。

第四，要想长期坚持，就要锻炼自己保持平和的心态。拼的不是开始时谁更快，而是谁更有耐力。能坚持到最后的才是强者。

第五，坚持比成绩更重要。运动不要拼成绩，也不要跟其他人比。人生真的就像一场马拉松，那些貌似波澜不惊的日复一日，最终会让你看到一直以来坚持的意义。

时光不老，你我不散，让我们一起追光而行吧！

李晶，中国教育学会国际教育分会办公室主任，外研社基础教育研究中心总监，北京马拉松协会理事。

身心皆悦自在跑

□ 任春荣

> 中年时的跑步好像是在擦拭心灵上的灰尘，不忧不惧，减少杂念。不用在乎身边多少人超过了你，也不用在乎你甩掉了多少走路的人。

跑步的收获是如此丰厚。大清早起床去跑步，总是有点挣扎，但只要出了家门，就会感受到早起的回报是多么高。莫道君行早，更有早行人，晨曦中总是有比你起得更早的人：公园里，年轻人成群结队地跑过，跑出了地动山摇、热气蒸腾的气势，让你感受到生命是如此朝气蓬勃；志愿者与盲人牵绳同跑，让你的心立刻柔软下来，希望自己也有能力去帮助他们；看到盲人跑步，更是让你有要好好活的感动。

有同行者是多么幸运。加入教育创新跑团，于我而言，不仅获得了早起的丰厚回报，更让我结识了一批心灵纯粹、积极向上的人。跑团里的大神们在各自岗位上功成名就，平日工作非常繁忙，却不厌其烦地教新人跑步技巧，并一次次陪跑，等大家跑完以后，他们才开始自己的征途。跑步初期，新手很容易放弃，诸位跑友的温暖鼓励和指导是让我坚持下去的动力，我们一起跑，一起相约到了走不动的年纪也要用轮椅"跑步"聚会——何其有幸能够与这么多惺惺相惜的跑友同行。

跑步是如此治愈。独自奔跑的时候，一人静静地用心灵、用感官感受自然世界，在城市的嘈杂中倾听东一声西一声的鸟鸣，注目路边犄角旮旯里生存的小草，心里分外安宁：我们都是这个世界的生命，有长有短，在这样的时刻，我们与万物不仅共存，还相知相惜。三千大世界里面，我们都如此渺小，感恩生命的存在。

跑步是彰显和培育生命活力的一种形式，就如鸟儿在空中飞过，小草在风中摇摆。跑起来时，脑子很纯净，就是一个"跑"字。小时候，跑步的意义就在于跑本身：学生时代运动会上的拼命奔跑，田野里的快乐疯跑，都让我们物我两忘。慢慢长大后，我们反而很少跑了，跑跑颠颠会被认为不稳重。成人背负的东西多了，往往也跑不动了，身体和心境仿佛都被限制于混凝土构建的空间里。跑步变成了需要专门时间和空间的正式运动，也附带了很多工具性价值，就如学生学习的外部动机一样，强烈的外部动机一定程度上能够推动学习，也可能让学习变得沉重。

中年跑步的吸引力在于跑出自在来。中年时的跑步好像是在擦拭心灵上的灰尘，不忧不惧，减少杂念。有时间有心情就去跑，没时间去跑也不必自责，能够随性奔跑是幸福的：不用在乎身边多少人超过了你，也不用在乎你甩掉了多少走路的人，自得其乐，不改其乐。正是这样的感觉，让人沉醉其中。

身边熟悉的人中也有不少跑步受伤的，跑与不跑都是一种人生的选择，量力而行，因人而异。华蓉老师将我带入跑团，她"坚忍不拔"地劝了我一年，让我克服恐惧、跑出中年后的第一次4公里。开跑以后，我更加深刻理解了《小马过河》那篇小学课文，你自己不试试，怎么就一定知道成不成呢？有人说，不要给人生设限；有人说，中年以后要有自知之明。执着与不执着，都有道理，把握边界和平衡是我们一生要学习的事情。跑与不跑，可以看个人喜好，锻炼也不一定要运动，冥想静坐、站桩也是很好的锻炼方式。跑与不跑，更要看身体情况，状态比较差、熬夜加班后不要去跑步；跑前跑后要做好热身放松，跑起来不要去追求快感，不要追求快，不要追求远，放弃比较之心。运动会分泌多巴胺，让人快乐，所以，毅力和自律不仅能催人在跑不动时继续坚持，也是人获得快乐所需要的。用毅力和自律来让自己坚持跑步，坚持下去，快乐的感觉或者平静放松的情绪会源源而至。

∨ 黄向伟 摄

跑步真是一件奇妙而有益的事情。平时长时间淋雨，我大概率会感冒。但是去年，我和大家一起在雨中的奥森跑步，浑身湿透，居然感觉特别快乐。一把年纪时居然感受到了近乎疯狂的开心，而且没有生病，这就是跑步的馈赠——让你身心皆悦。

任春荣，博士，中国教育科学研究院研究员。

累了就奔跑

□ 董红军

> 我没有什么拿得出手或成为习惯的运动项目。就是累了的时候,想跑步。跑起来,就能跑出属于你的世界。

这个夏天过得有些艰难。一是酷热难当,很不舒服。二是琐事缠身,自由不得。

而且身体也变胖了。差不多三个月没有跑步。自己弯腰、穿鞋等等,都很笨拙。

有一个官方安排的培训班,开学第一周,地点在北戴河。每天听报告。终于,9月3号,星期天早晨,不到7点就起床了。是时候恢复跑步了。在院子里跑了三圈,3.7公里,配速6分46秒,步频每分钟170步。还好。

跑团那边,众人参加第三十七届卢沟桥醒狮越野跑,很是红火。可惜我没能参加。

等回去,就可以回归了。

奔跑，是一种童年记忆

最近有几场"讲课"，分享学校管理、文化建设、课程设计的做法和经验。我常常从"我是谁""我从哪里来"开始，讲述自己从乡村读学前班、读小学，到县城读初中，到省城读高中，这一段所经历的教育。

讲到乡村小学的"体育课"，听者很有兴致。

我们村小学依山而建。操场有一条路，挺宽的土路，直接可以上山。那片山上，栽种了一些果树，有桃，有梨，有李，还有板栗。——来到北京工作，我才意识到，人家板栗主产区在北方；我小时候竟以为板栗是我们云南的特产。

在村里上小学，学校作息时间和村民的生活节奏是匹配的。我们那里每天两顿饭，"早饭"一般是上午10点半左右，"晚饭"一般是下午4点半左右。学校上课是上午两节课，学生回家吃"早饭"，下午上4节课。到县城读初中，变成了上午4节课，下午2节课。因为，城里人一天是吃三顿饭的。但无论如何，一天上6节课，我都认为是天经地义的。

所以，我一直不理解，现在为什么学校一天要排到8节、9节甚至10节课的。

现在想来，我读的小学是最健康的。

体育课常常是一整个下午。负责带班的老师召集全班在操场上集合，整队，安排两名同学前头打着红旗，大家从操场到后山的那条路，就上山了。

我们的"体育课"是有具体任务的：抓"特务"。

老师扮演"特务"。带领全班40多名同学到山上，老师宣布自己扮演特务，就找地方掩藏起来。我们的任务是"搜山"，要把"特务"找到、抓起来。

大家很欢乐地在山上玩儿。大多数的时候，快到放学了，也没找到"特务"的踪影。大家悻悻地要往回走，在返回学校的路上，果农的窝棚里，"特务"老师才终于现身。我们在满山地搜寻，他已经在这里吃饱了新鲜的水果。

抓到"特务"，任务完成，回到学校，下课，放学。

你说是不是"体育课"呢？反正，一下午在山上，多是跑来跑去。我觉得，如果戴上手环，步数肯定会超过1万的。

我常常讲我是"山里的孩子"，保持着泥土气息，奔跑就是我的童年记忆。

奔跑，是一段段人生旅程

第一次"正式"的跑步，是我读高二的时候。

那时候我在昆明读高中，在城市现代生活浸润中逐步"进化"。

恰逢昆明举办马拉松。体育老师动员我们报5000米。大家不是很踊跃。我平常几乎从来不参加什么活动，也没有自己擅长的,这回我可是积极、主动了一回:报名!

我印象当中,跑步就不是一件难事。小时候不天天在山间、田野奔跑吗?

参加5000米跑步之前,似乎也没做什么适应性的训练。只记得体育老师讲一个小窍门:穿袜子,最好穿丝袜,不磨脚;不要穿那种所谓的"运动袜",长筒的、白色的那种,这种袜子粗糙,容易磨脚。

我们一共也就不到20名同学参加5000米跑。起点不记得了,反正终点是和真正的马拉松选手一样,跑进昆明拓东体育场。

跑起来后,我感觉体力是足够的。跑在中段的时候,我常常是只要前面10米左右有人,就超过去,一直超、一直超。那时候不累,有足够的体力去超越。而且,常常超越年龄比我大的——大学生、成年人,还有"老外"。每次超越,我都觉得路边的观众看见我超过他们了。还有人看见我戴的校徽,说:"哦,昆一中的。"

高中阶段,我在班里、在年级很平常很平常,没有什么特别的。如果那时有"综合素质评价",还真的不知道有哪些可以填进去。这次5000米跑,算是我收获自信的一项重要的记录了。所以一直记得。

读大学的时候,有一阵子早晨要出早操,跑步。我总觉得大家跑得慢，后来就不跑了。再后来，我常常在晚自习结束之后，到大操场上跑，去找那种奔跑的感觉。

也是上大学时，我第一次看电影《阿甘正传》，打动我的，就是阿甘的奔跑。那天看完电影，我快速写了一篇影评，记录自己内心的触动，记录心中那种"奔跑"。

我没有什么拿得出手或成为习惯的运动项目。就是累了的时候，想跑步。就这样，跑步一直陪伴着我度过了一段段人生旅程，一些记忆中的跑步场景，总是和当时的人生处境与心境交织在一起。

奔跑，是一种生命状态

到北京工作之后，20多年来，我想不起自己参加了什么运动，还经常和别人讲：北大有位教授金克木，有人问他养生之道，他回答"不运动"。

除了偶尔爬山、到颐和园里走路，我基本没有什么运动。"不运动"时间长了，我连跑步也忘记了，而且感觉好像跑不动了。那时候回想曾经跑过的5000米，觉得好长好长。

怎么又跑起来的？

身体累了，心疲乏了。2020年疫情期间，尽管我每天也到学校，但长时间的居家状态让我觉得需要动一动。儿子在居家不出门两个月的时候，下楼了。问他做什么，他回来说，跑步，用 Keep，戴着耳机，跟着指令跑。

我说，那我也试试。我用华为运动健康，找到一款 22 分钟跑走结合的项目，里面详细规划了热身阶段、锻炼阶段、调整阶段的快慢走、快慢跑结合的运动方案。我就此重启了跑步生涯。

刚开始，那个艰难啊！

4 月 5 号，我开始了第一次"跑走结合"运动。22 分钟，运动距离：2.62 公里。

那种艰难劲儿，现在还记得：气喘吁吁，双腿沉重，每次都感觉接近"极限状态"。最想听到的指令就是"还有 30 秒"和"快走 2 分钟"。跑不动啊！

但已经开始，坚持吧。

一连几个月，我都坚持每天一次"跑走结合"。有的时候，晚上 10 点多了，还没完成，也果断下楼，一定坚持完成。这样坚持了一年多。才终于脱离"跑走结合"，能够单独跑 3 公里、4 公里。

2021 年 10 月 16 日，星期六。我在 7:03 来到奥森南园。这是我加入教育创新跑团前参加的第一次跑团活动。团长带领，做热身运动。

跑起来后，团长一直在身边嘱咐：步幅要小、步幅要小；

脚掌自然着地；头摆正、腰打直……注意呼吸……上坡，步幅小、步幅小……

到 5 公里的时候，团长问：要不要跑 6 公里？

我答：没问题！

这是我的第一个 6 公里！而且比较轻松，很在状态。第二天，10 月 17 日，星期天，奥森南园，我正式加入教育创新跑团。

为什么非到奥森跑步？

——有组织，有跑团在，就有力量。

——有森林，有春夏秋冬四季不同的景致，有和自然的对话。

——能找到一种生命状态。

很幸运，我找到了教育创新跑团，重新找回奔跑的状态。

累了的时候，就奔跑吧。

跑起来，就能跑出属于你的世界。

董红军，北京市海淀区教师进修学校附属实验学校校长。

跑步的涟漪

□ 杨艳

> 我突然意识到,在跑步中感受自己的呼吸,和身体对话,跑出自己的节奏,是另一个层面的美好。

我的跑步经历始于小学,但是,我的跑步兴趣却是很久以后才生长出来的,父母的榜样、孩子的成长经历以及我自己在教育创新跑团的亲身体验,都成为我踏上跑步之路的推动力。我与跑步的每一次"交集"都在岁月里激起阵阵涟漪,一圈圈的"水波"荡漾出去,激发自己、影响他人,也鼓励我跑得更好、更美、更远!

观跑步·跑步观

我的父母有一个好习惯——早起锻炼。每天他们都很早起床,跑步是他们最常采用的锻炼方式。我们上小学后,父亲也经常带上我们一起晨跑,沿着弯弯曲曲的公路和起起伏伏的小山坡一路小跑，那时的我们总是在半梦半醒间跟着跑，脑袋里想的却是钻回被窝再多睡一会儿。后来，父亲越来越忙，他的锻炼更早了，我们的跟跑也就慢慢地中断了。但是，父母保持早起锻炼的习惯，作为我成长记忆的一部分，在我的少年时代留下了涟漪，埋下了种子。

在后来的求学和工作中，每每遇到困难或者感觉体能下降时，我总会自然而然穿上运动鞋出去跑一跑，出出汗。当然，我并没有坚持跑步超过一个月的记录，这样偶尔的跑步充满了"功利性"，一旦感觉身体好点，就停止了跑步。这似乎与我一直困在两三公里的枯燥感中不得突破有关，也或许是我潜意识觉得还有一大堆"紧急且重要的事"要优先排序。

2023年，父母70岁了，他们还是一如既往保持着早起锻炼的习惯，积极乐观，精神矍铄。父亲把当年的"力量型"锻炼改为每天三五公里的慢跑和游泳，妈妈也坚持快步走和游泳。提笔写此文时，我在想，在"观"父母40年的跑步锻炼和进取的人生态度时，我是不是连"跑步关"都还没过呢？我的"跑步观"又是何等局限呢？不过幸好，父母这身体力行的"传家宝"时隐时现地牵引着我，为我后来与跑步结缘奠定了基础。

∨ 黄向伟 摄

观成长·成长观

  我的女儿似乎有跑步的兴趣或"责任感"。她上小学时，学校号召学生报名运动会项目，女生的4×100米接力跑、200米、400米，主动报名者甚少，每次她都主动举手，成为三个项目的主力军。我感到高兴的同时，也为她一下子连续跑这么多项目担心，不知道她是否能扛得住。小学一二年级时，她还不负众望，总能大汗淋漓地给班级捧回第一名。但是三年级的运动会，她以微弱的差距跑了第二名。一看见我，她就流眼泪，不太愿意去领奖状，这使我陷入了沉思：第一、第二、第三，甚至没拿奖，对孩子意味着什么？那天，我带着她在小区院子里散步，认真听她说自己的想法和感受，也给她讲了一番故事,她似乎明白了胜负得失乃人生常态,只需在竭尽全力的过程中享受运动就好的道理。我觉得,这次的第二名远比继续得第一对她的全面成长更有意义。

后来的历次运动会比赛中,她仍然积极举手,努力奔跑。而无论什么样的结果,她似乎都没有再纠结过。这样的成长所得也在其他方面发挥着作用,无论得了什么样的奖状,她一拿回家很快就忘了。我们交流得更多的是,过程中经历了什么,有什么样的体会或收获,并对鼓励我们勇敢去挑战的老师和同学心怀感恩。

对孩子跑步的观察也促使我在自己所在学校的教育中,更重视为孩子们提供更加丰富、多样、可选择的课程和活动,比如体育与健康课程(必修、选择性必修、特需课程、跨学科课程)、每日一小时共享时空、体育运动会、体育嘉年华、"日光计划"、"月光计划"、篮球联赛、足球联赛、田径运动会、跳绳达人赛、羽毛球赛、乒乓球赛等等。我也更加关注学生差异化、个别化的全面成长体验和价值教育,关心每一个孩子在过程中的体会和感受,无论成败,皆可论英雄。

健康跑·跑健康

清华大学的公众号上,我的导师石中英教授带着学生跑步的照片,获得很多点赞,这是清华大学每日课后4点半跑步活动的掠影。"无体育，不清华""为祖国健康工作 50 年"的理念早已融入所有清华师生的生活方式和精神谱系中。我加入教育创新跑团也是因为导师的推荐。

2023 年 3 月 12 日，我提前 10 分钟到了奥森公园南园，那是第一次在学校课堂外见到石老师，我还认识了范文霞老师、黄向伟团长和很多教育领域的专家。10 公里、6 公里、4 公里自愿分组，我毫不犹豫地选择了 4 公里。可是，首跑就难倒我了。起跑后才知道，8 分半的配速我也是气喘吁吁，无暇顾及周遭。黄团长亲自带着 830 组跑，他不断询问我能否跟上，指导我调整呼吸，调整跑姿。他还一边为大家拍照、录像，一边幽默开心地和大家聊天。在经过一个长坡时，我喘不上气了，身边的李晶老师马上停下来陪着我歇了一会儿，她还说："这是好汉坡！"我一下子就乐了，她陪着我慢慢地跑完了 4 公里。后来我才知道，她是跑全马的高手。等我们跑到终点，小川已经给大家准备好了水，大家继续开心地聊着，进行跑后拉伸。结束后，我还在回家的路上时，石老师就发来了黄团长制作的跑步视频，说："首跑纪念。"黄团长能这么神速地编辑好，实在让人佩服！一路欣赏着视频，我第一次看到了镜头里跑步的自己，有点"发胖"的体态在充满活力、"训练有素"的队伍里明显"不入流"。但这么温暖的跑团，使我充满了坚持跑下去的信心。

随后的每个周日，我都坚持参加跑团活动。每次石老师、范老师、黄团长、九霄会长、丹总、华蓉老师、陈秀珍校长、滕珺老师等众多团友都非常关心我，常常鼓励我。九霄会长带着我跑了几次，指出我跑步的问题，帮助我纠正跑姿，我终于学会如何放松地跑步了。一个月后，在范老师和华蓉老师的鼓励下，我敢加入730配速的6公里队伍了。范老师和华蓉老师太牛了，带队如此稳健，不愧是大家眼中的金牌领队，我只需要跟着她们的脚步就能跑下来，小白跑者莫名地充满了勇气。东升团长一天一段"小作文"的激励仿佛有魔力一般，让我们对跑步欲罢不能。一个月的锻炼，给了我一些"幻觉"，也让我开始追求速度。直到曼丽老师到来，和她跑步使我收获了一边跑一边聊天的放松，我突然意识到，在跑步中感受自己的呼吸，和身体对话，跑出自己的节奏，是另一个层面的美好。

就在自己与自己、自己与队伍的持续正向交流中，我真的坚持下来了。跑了两个月后，我身上已悄然发生了许多变化：工作和读博"齐头并进"导致的超级忙碌中，时不时会冒出来的疲乏感不见了，我工作学习的精气神更足了；从小养成的"川辣"胃也在跑步中"开明"起来，我的饮食结构变复杂了，特别是清淡饮食开始受到胃的青睐；更开心的是，我一斤没瘦，谁见了我都说"你瘦了！"……

现在，我已突破了魔咒般的 830 配速。每个周日，我都不由自主地穿上跑鞋，跟在 730 队伍里开心地跑 6 公里，还实现了我那充满成就感的 PB。而这一切都要感谢教育创新跑团这个神奇的集体——吸引人、温暖人、激励人！

传递爱·爱传递

我的同事们大致和我的情况雷同——想锻炼，跑几步却气喘吁吁。有的说是疫情后体质下降了；有的说工作、家庭兼顾起来很忙，无暇锻炼；有的说知道锻炼重要，却又三天打鱼两天晒网不能坚持。太像了——太像那个之前的我！怎么才能帮助到同事们呢？我打定主意，要将我获得的爱与能量传递下去，鼓励老师们自觉践行健康的生活方式。这既是为我们健康幸福的教育生活计长远，也是做好行为示范，引领学生养成健康的生活方式。于是，我开始"嫁接"教育创新跑团的做法——2023 年 5 月 16 日，在老师们的积极响应下，我在学校成立了"教师健康跑团"，号召老师们利用课间等空闲时间、零散时间锻炼起来。跑团的口号是："无体育，不教育""每周锻炼一小时，幸福生活一辈子"。老师们陆续加入，三个月来，56 人的跑团共跑了近 4000 公里。总量虽并不算多，却是跑团老师们健康生活的崭新开始。

9 月新学期开学，老师们很开心地和我聊天："我跑瘦了9斤，穿的衣服都大了。""我竟然从每公里11分钟的配速跑到9分钟了。""我一看见老师们打卡和互相鼓励的信息，就充满了跑步的动力。""我原来2公里都没跑下来过，现在可以5公里了。""跑一跑，出出汗，什么压力、坏情绪都没了。"是的，大家的心路历程和我简直一模一样。我希望，教师健康跑团只是一个引子，老师们跑步也好，打球也好，游泳也罢，只要越来越多人以自己喜欢的方式锻炼起来，我的初衷就实现了。

我的跑步时间虽然不算长——还没经历过一个春夏秋冬，但父母几十年风雨无阻、坚持锻炼得到的岁月馈赠，孩子们在运动场上不论胜负得失的昂扬成长，教育创新跑团伙伴们的热情洋溢、青春永驻，学校同事们的崭新面貌，都让我对坚持跑下去充满了信心！我们每个人都如同投入湖中的一颗种子，激发起阵阵涟漪，辐射自身的影响力。在这样的互相激励中，我们从自己跑向最美的团队，又从团队中跑出最美的自己。对我生命中这些彼此影响、彼此激励的亲人、朋友，我想说：遇见您，真好！愿我们一起，跑出健康幸福的教育人生。

杨艳，北京市和平街第一中学校长。

遇见更好的自己

□ 刘艳凯

> 跑步带给我更为单纯和有规律的生活,我开始认真地过一种简单的生活:简单的人际关系,简单的生活重心,简单的工作优先级。

并不是有个人跑来找我,劝我"你跑步吧",我就沿着马路开始跑步。也没有什么人跑来找我,跟我说"你当小说家吧",我就开始写小说。突然有一天,我出于喜欢开始写小说。又有一天,我出于喜欢开始在马路上跑步。

村上春树《当我谈跑步时,我谈些什么》

我与跑步的缘分可谓源远流长,但真正入门是在 2020 年。2020 年我总共跑了大概 250 公里,和动辄几千公里的大神比起来,这点成绩实在算不了什么;然而对于一个曾经的"运动学渣"来说,实在是自感挺了不起。因为,"运动"与"喜欢"两个词在前半生从来不会同时出现在我的字典里,尤其当这个运动是跑步的时候。

大学的操场曾经是我的噩梦,每次 1500 米体测的时候,操场的跑道于我而言就代表着总也跑不到的尽头、沉重的呼吸、酸疼的腿以及窒息的感受。以至于每次站在起点等待体育老师吹哨的几分钟里,我都会小腿发抖,全身发麻,看着被太阳照得明晃晃的跑道,心里升起的只有绝望——错入五道口周边最著名的"体校",体育挂科这件事,无论如何都是和学校的价值观格格不入的。

工作之后有段时间,出于减重的迫切愿望,我每周会去人民大学的操场上跑几公里。基本上每一轮我能坚持一个月,然后找各种理由不了了之。

直到有一天,跑步成了我的"政治任务"。2019 年我大病一场,到年底才慢慢恢复。2020 年的疫情猝不及防,我跟公司请了长假,宅在家里不出房门一步,修身养性,研究厨艺,以及斗天斗地斗娃。等春天过去,疫情缓和,我家先生拿着一块佳明的运动手表,非常严肃地和大病初愈的我谈话:"现在你应该把运动作为生活中的第一优先级,每天先安排这一件事,再想着做其他的,甚至别的任何事你都不用想不用做。这块手表你戴上,怕丢的话就 24 小时戴着,不要摘了。"从此,这块运动手表陪伴我一直到现在。

因为疫情的关系，各种运动场馆都不开，无奈之下，跑步成了我唯一的选择。正值初夏，天气舒爽，孩子的早餐交给爸爸负责，我一般在 7 点下楼，就在楼下一边做准备活动一边做心理建设。小区并没有专门跑步的路，就是一圈砖石路，400 米的长度。当时我的体力差到 200 米的直道一口气跑不下来，我就让自己跑 100 米，走 100 米。

整个初夏的早晨就在跑跑走走中度过，小区林荫道上的法国梧桐，以及遛狗的、健身的人们，陪伴我度过了早晨的大部分时光。这段时间最好的成绩，是在端午节那天一口气不间断地跑了 3 公里。感觉体力在逐步恢复。

7 月底，之前办卡的健身房开放了，我如蒙大赦，坚决地从跑步转向游泳。游泳的人是孤独的，泳池很小，往返一次只有 36 米，耳边除了大喇叭里放的各种音乐，就是一次次划水的声音。8 月份大部分的运动就在泳池里完成了。

没想到的是，我与跑步的缘分并未结束。机缘巧合之下，我在 8 月份加入了"跑步教"。

> 正因为痛苦，正因为刻意经历这痛苦，我们才能从这个过程中发现自己活着的感觉，至少是发现一部分，才能最终认识到（如果顺利的话）：

> 生存的质量并非成绩、数字和名次之类固定的东西,而是包含于行为中的流动性的东西。
> 村上春树《当我谈跑步时,我谈些什么》

说起"跑步教",我身边有很多跑马拉松的朋友,中年人居多,似乎不去"跑马撸铁",就过不了40岁这个坎。最典型的是我的前老板,孩子上大学后一个人从美国回中国工作,似乎焕发了第二春,健身撸铁不算什么,除夕刷二环才让人叹为观止。还有几位学生家长,市区跑完郊区跑,郊区跑完外地跑,自己跑、组团跑、参赛跑,看着很是热闹。我私下里认为这些朋友都被洗了脑、入了"跑步教":跑步是信仰,马拉松是朝圣。

没想到,我家先生后来也"入了教",在校友的带动下加入了跑团,并且每天晚上10点左右,为了排名绕着家周边的学校跑长方形。因为总是晚上最后一位打卡,被校友群的跑友们戏称为"关灯跑"——必须等他发完长方形截图再睡觉。

先生所在的跑团团长非常负责任,为了调动大家的积极性,每周日早晨在奥森组织校友跑团活动。作为一个周末可以睡12个小时的睡虫,我先生一到周日就5点多起床,6点准时出门去奥森参加活动,并且力劝我一起去。我还真的去过一次,虽然是当天跑道上最慢的小白,但是奥森又燃又刚

佚名 摄

的氛围实在让人心情不错,我跑了3公里居然不累。

但我真正加入"跑步教"还是因为华蓉姐的热情邀请,她信心满满,保证我可以和她一起跑5公里。犹豫纠结了两周,挑了一个"只要会长来参加活动就一定可以带你跑下来"的周日——我清楚地记得是2020年8月9号,我到奥森和华蓉姐所在的教育创新跑团一起跑步。跑团人数不少,我还见到了传说中的九霄会长,瘦瘦高高,一看就是马拉松体型。开跑前我认真跟随会长做热身,热身完我已经喘得像是跑完了3公里。

直到今天我仍然记得奥森西门前面那段漫长的上坡、身边呼啸而过的"元大都"跑团、阳光穿过高大的行道树落在地面的碎片、远远伫立的奥林匹克塔……，耳边不停传来会长和华蓉姐为我加油的声音，还有靖神的"物理拉扯"。而我在坚持与放弃之间，摇摇摆摆以龟速跑过了五环、西门、南门，难以相信自己居然顺利完成了 5 公里全程。

而直到完成的一刻，我终于感到某种"我能做到"的自信大概回来了。

大病之后，我不可避免地陷入"以后能做什么""我的存在是否有价值"这样的怪圈里。我常在很早的清晨醒来，按照习惯想梳理一下今天的工作和安排是什么，又茫然地发现其实我什么都不需要做，于是迷失在对自我存在意义的怀疑中。莎士比亚在《麦克白》的台词中写着："人生不过是一个行走的影子，一个在舞台上指手画脚的拙劣的伶人，登场片刻，就在无声无息中悄然退下；它是一个愚人所讲的故事，充满着喧哗和骚动，却找不到一点儿意义。"这正是我当时的心境——似乎以上帝视角，看着身体的影子在人间游荡，或许下一个瞬间就会消失不见。跑步使我找回了"我可以做这件事"的自信，而能够突破自己做好某件事，让我从天上回到了地面。

于是，第一次 5 公里之后我就入团了，我也戏称自己是"入教"了。机缘巧合，先生所在的校友跑团和华蓉姐所在的教育创新跑团，当时每周日都在奥森的东南门面对面活动。所以我经常两边跑来跑去拍跑团合影，跑完步和先生一起参加校友跑团的早餐聚餐。每每看我穿着教育创新跑团的团服过来，学长们总是说我"叛变"了。

> Pain is inevitable. Suffering is optional. 这便是他的真言。其微妙的含义难以准确翻译，明知其不可译而硬译，不妨译成最简单的"痛楚难以避免，而磨难可以选择"。
> 村上春树《当我谈跑步时，我谈些什么》

因为跑步的连接，我和原来的朋友更加熟稔，也结识了很多新朋友，这对"社恐社畜"来讲实属难得。推荐我进跑团的华蓉姐，是被记者职业耽误的天才段子手，亲和中带着豪迈，常常给人一种"好哥们儿"的感觉；会长九霄，自律到极致，通透到极致，让我非常敬仰；开朗暖心小金牛靖神，自从一起开跑后就越跑越远、越跑越快，现在我只能"骨折式"仰望（包括后起之秀的薄荷茶姐姐和晶晶老师，后后起之秀的某话痨姐姐）；玉渊潭园主身体也不太好，我俩除了一起跑步、练八段锦，也恨不得一起跑医院；温婉知性韩老师，带领我们搭建新的营养结构；还有陪我一起晒太阳的泡泡……

不知道从哪一天起，我从在家无所事事的闲人变成了一个繁忙的人——除了恢复一部分工作之外，跑步、养生、刷展、学习、聊天、聚餐，充实了我的生活，让我赞叹自己也有成为社交达人的这一天。孩子倒没什么怨言，巴不得我撒手不管他；先生经常面带哀怨，我只能鼓励他努力工作。

而为我的跑步注入精神食粮的，是村上春树的《当我谈跑步时，我谈些什么》。村上春树是我很喜欢的一个作家，他的大部分作品我都认真读过，感觉他塑造的角色，大体总有些让人喜欢的单纯和韧性，渡边、绿子、田村卡夫卡、图书管理员……。然而之前我并不知道村上还是一位坚持了20多年的跑者和马拉松选手。今年偶然拾起这本书一口气看完，第一个感受是：难怪他的书可以写得这么好。于村上而言，生活甚至人生都是单纯的：写作、跑步，跑步、写作，如此而已。这可能就是所谓大道至简吧。

由跑步领悟到的真理，带给我更为单纯和有规律的生活，甚至让我逐渐接受断舍离。除了在家里扔扔扔和卖卖卖之外，我开始认真地过一种简单的生活：简单的人际关系，简单的生活重心，简单的工作优先级。为过往的遗憾画上句号，不再为不值得、不关心的人与事浪费时间精力，也不再看到美好的事物就想要拥有。我来，我看到，我感受，足矣。

不知不觉，我已经跑了好几年了，每周末的两园活动成了固定节目。第一次 5 公里，第一次 7 公里，第一次 9 公里，第一次月跑 50 公里，第一次外滩跑，第一次拿奖牌……，无数的"第一次"串起了生命的珍珠。如果有人生想要完成的 100 个愿望清单，那我的愿望清单，小伙伴们已陪我完成了许多。

可以说，这段和教育创新跑团奇妙的缘分，改变了我，也改变了我的人生。我在一次次的跑步中，不断扩大自己的人生半径：跑步让我重新审视了周围的世界——春花秋月，夏雨冬雪，与大自然的连接从来没有如此紧密过；跑步让我结识了许多跑友，我们一起挥洒汗水，也一起分享喜悦；当我感到失落或者无助的时候，跑步成了我宣泄情感的出口；当我面对抉择和困惑的时候，跑步为我创造了思考问题的空间。这种宁静和力量，过去，今天，未来，会一路支持我，从容坚定地走过这漫漫人生。

感恩遇见。

刘艳凯，紫光股份有限公司总裁助理，紫光教育科技有限公司副总裁。

3

跑出教育之美

@ 今日跑步人

"教育是一个缓慢而优雅的过程",慢跑也是。跑步的教育人更懂得教育不是百米冲刺,而是马拉松!

跑步的不同阶段有不同的感受和境界,需要我们慢慢体会。"溯洄从之,道阻且长。溯游从之,宛在水中央。"

我跑故我在

□ 石中英

> 跑步不仅可以强身健体，也能够帮助我们感悟真善美的力量，启迪我们重新审视人生以及自己与世界的关系。

三年前，在好友华蓉和夫人的动员、带领下，我加入了教育创新跑团。这个跑团虽然是志愿性质的组织，但是大家相互鼓励、坚持跑步的热情却很高。三年下来，我恐怕跑了有一两千公里，想想实在是有些惊讶。最近跑友们有了新想法，要将坚持跑步的感想写下来，并配上各种生动的跑步图片，出版一本书。这是激励各位跑友、在读者当中和社会上倡导跑步文化的一个好举措。

跑步之真

说起跑步，可能很多人都觉得：这里面没有什么科学。一个人只要迈开双腿跑起来，就是跑步。跑步对于任何一个

∨ 黄向伟 摄

人来说，可以说都是无需学习的——谁不会跑步，谁又没有跑过步呢？我一开始也是这么认为，但是，我加入跑团之后才渐渐明白：虽然人人会跑，但不代表人人都能跑得对。不正确的跑步，不仅达不到强身健体的目的，甚至可能会造成身体的损伤。

在参加跑团之前，我还是有些跑步经验的。我40多年前读中等师范的时候，就参加过学校的万米长跑队，训练过一段时间。1991年到1997年在北京师范大学读硕士、博士时，跑步也是我爱好的体育运动，一年四季坚持得还是不错的。博士毕业后，因为工作比较忙，跑得就比较少了。所以，我加入跑团的时候，还是有些自信的，觉得自己之前的经验可以用得上。哪知道，第一次跟团跑步时，不到1公里，我就把脚给崴了，最后一瘸一拐回家了。因为这次崴脚，我休息了近一个月。之后再跑，我便重视起跑前的热身，生怕热身不够，再出问题。

跑了几次之后，我才发现跑团有专门指导初跑者的老师，主要是北京马拉松协会的赵福明会长、跑团的黄向伟团长，有时候也有其他经验丰富的跑步爱好者来指导。他们对于初次加入跑团的跑友们指导得特别细致，也特别耐心。比如，他们会告诉大家上坡时如何跑、下坡时如何跑、如何调整呼吸、如何调整步幅、如何摆臂等等。我的摆臂问题比较多：一是跑步时习惯性地上下摆臂，像是敲鼓；二是摆臂的幅度过大，容易消耗体能。我的步幅也有问题：一是脚抬得太高；二是步幅过大，步频过慢。类似这样的问题，在会长、团长及其他热心跑友的指导和提醒下，逐渐得到了解决。我从一开始的一次跑3公里，逐渐增加到一次跑6公里，后来还跑过8公里、10公里，甚至跑过两次半马，单次达到21公里。

几年跑步的经验，使我接受了一个道理：跑步中有科学，学会科学地跑步，对于跑步爱好者很重要。我把这个感悟称为"跑步之真"，在几次教学和学术会议上，都向同学们和同行们强调跑步的科学性。特别是对于那些因年纪大而不敢跑步、害怕跑步会损伤膝盖的朋友，我宣传得特别起劲。

跑步之善

我们的跑团是一个温暖和谐的集体，大家的归属感都特别强。一些跑友为了参加周日的集体跑步，甚至驱车几十公里从京郊赶过来。一见面打招呼时，家长里短，嘘寒问暖，给人的感觉特别温馨。对于初跑者，团长会亲自或指定有经验的跑者陪伴，安排的跑步距离也较短，直到他/她可以跟上大部队为止。每一位刚刚加入跑团的人，对此都心生感动。

跑团一年四季为大家提供特别周到细致的服务。平常大家跑完之后，秘书郭小川老师总是热情地为大家送上矿泉水，补充跑步过程中丢失的水分。夏天跑步的时候，他还会为我们准备甘甜的西瓜。夏天的清晨，大家在跑了6公里后，吃到已经切好的西瓜，那叫一个爽！冬天的时候，小川还会为我们准备热水和姜汤，帮大家发汗，让每一个人感受到由内而外的温暖。今年的一个跑步日恰好赶上元宵节，小川带着电磁炉为跑友们现场煮元宵，给了我们特别的元宵节体验。跑团里谁有什么好事，大家会送上诚挚的祝福；谁碰到什么难事，大家也给予鼓励和帮助。由于跑团的成员绝大部分都是来自教育系统，大家有什么学术活动，还会相互支持，妥妥地培育出了一种"家"的文化。如果有谁一段时间没有来跑步，大家都会挂念他/她。

我们的跑步固定场地是北京朝阳区奥林匹克森林公园。奥林匹克森林公园是国家和北京市为2008年北京夏季奥运会所建，15年过去，它如今已经郁郁葱葱，是北京市民和外地游客休闲观光的好去处。公园内有塑胶跑道，刚开始晨跑时，我发现跑道都是湿漉漉的，以为是头一天晚上下的雨水。有一次，我起得早，不到6点就到了公园，发现园林师傅在用机器向跑道洒水。至此我才明白，原来跑道上的水是园林师傅起早洒上去的，想想真是令人感动。如遇落雪的冬日，园林师傅们总会在第一时间把跑道上的积雪铲除，露出红色的跑道。跑步时，每每念及这些，脚下的步伐也就更坚定了。

跑步之美

运动是美的，跑步也是美的。每周一次团跑前的热身阶段，我们大家都会穿上跑团统一发放的衣服，在会长或教练的带领下，一起做着各种各样的动作。虽然不够整齐划一，但是在淡淡的晨曦和绚烂的朝霞中，跑友们个个身上都闪烁着不可名状的运动之美。

跑步的过程也伴随着四季色彩变幻之美。奥森公园作为国家级的森林公园，其跑道两边都精心种植了很多种树木和花卉，映衬着春的生机，夏的热烈，秋的绚烂，冬的清爽。有时候，大家跑着跑着，就会被身边的美景所吸引，不由自主地停下来多看几眼，或者边行进边顺手拍几张照片。更多的时候，是黄向伟团长用相机为我们留下运动的"倩影"。有时候黄团长还事先踩点，看看哪里的枫叶红了，哪里的银杏黄了，哪里的桃花开了，哪里的秋叶落了，然后带领我们改变通常的线路，拍下在美景中的跑步照。跑在美丽的奥森公园里，再烦恼再疲惫的心也会被治愈。

我们这个跑团的成员年纪都比较大，一般都是四五十岁的人，还有年过六十的退休老师。因此，我们戏称自己是奥森公园的"中老年跑团"。由于大家年纪都比较大，会长和团长都不怎么要求我们跑步的配速，能够坚持跑下来就都是好样的。而我们几乎每一次都能碰到一个叫"元大都"的跑团，这个跑团的成员都是二三十岁的年轻人，他们身材很棒，步幅很大，步频也非常一致，每次相遇时，都会让我真切感受到青春之美、力量之美和节奏之美。在他们的感染下，我的步伐也不由自主地变得更加有力，仿佛身姿也变得矫健起来。

加入教育创新跑团，和朋友们一起奔跑，让我对跑步有了一种全新的认识。跑步不仅可以强身健体，也能够帮助我们感悟真善美的力量，启迪我们重新审视人生以及自己与世界的关系。

法国哲学家笛卡尔曾说过"我思故我在"，强调思想对于人生的不可或缺性。我想模仿一句——"我跑故我在"，表达努力做一个终身跑者的美好愿望。

石中英，清华大学教授。

从一个人跑到一群人跑

□ 杨丹

> 将一件自以为不可能的事变成了可能,这赋予我"没什么不可能实现"的勇气和信念。

从小不爱运动的我,没想过自己人到中年还能跑步,更没想到自己能发起一个跑团,还操办了半程马拉松赛事。这些人生中的"意料之外"带给我无数惊喜——不仅是身心健康,更有对生活、对工作的全新思考与感悟。可以说,跑步是我找到幸福密码、坚守事业初心的关键契机。

无意一句话打开一扇窗

2016 年,我偶然被人问到有哪些健康的生活习惯。对比复盘后,我发现自己的生活习惯离健康着实有很大距离。这不经意的一问让我内心萌生了追求健康生活的想法。什么是健康生活呢?其实我也不是很明白。正好我住在离颐和园不远的地方，就先试试到里面跑步吧，于是，一个人的跑步生活开启了。

为了与游客错开时间，早晨6:30公园一开门，我就进去跑。清晨的园子里，静悄悄的，几乎没什么人。但颐和园南如意门外的河里，总是有北京大爷、大妈早早地来游泳，春夏秋冬从不间断，尤其是入冬后，游泳的人们更成了一景。一日日地看着他们，我恍然惊觉：原来不管多么早，总有比我更早、更能坚持的人。

最早一个进入园子，看到的一切总是令人惊艳。跑过检票口，仿佛一下子穿越到了一个童话世界中，那种美和空无一人，很容易让人生出幻觉：仿佛自己就是园子的主人，一年四季看不完的美景都因我而来。

就在这样令人赏心悦目的美景中，我从开始的跑几百米发展到跑几公里，虽然总是气喘吁吁，但跑步回来却是神清气爽。短短两年后，我甚至参加了半程马拉松跑，并养成了以跑步为主，网球、瑜伽等运动为辅的晨练习惯。

从开始的有意坚持，到如今运动成为生活不可或缺的一部分，我的改变肉眼可见。现在的我元气满满地迎接每一天，不管多忙，总是精力充沛。更重要的是，将一件自以为不可能的事变成了可能，这赋予我"没什么不可能实现"的勇气和信念。

∨ 佚名 摄

一个人带动了一群人

跑着跑着，我慢慢觉得，跑步的感觉真的很好，特别想把自己喜欢的东西与人分享。我的工作很大一部分是为教育创业者服务，于是，我跟同事商量，想成立一个服务教育创业者的公益跑团，发动大家在辛苦工作之余，好好锻炼身体。但组织了几次活动，来参加跑步的人寥寥无几。

后来在一次互联网教育座谈会上，我结识了黄向伟先生，得知他是个马拉松爱好者，我兴奋不已，心想这真是天助我也。把组织跑团的想法跟他一说，我俩一拍即合，商定跑团每周日准时在奥森开跑。由此，我俩成为"互联网教育跑团"

的共同发起人。我自认为对跑团最大的贡献，也最引以为荣的，就是为跑团找到这样一位宝藏团长。黄团长的奉献精神、坚持精神、专业精神成为跑团最强大的吸引力和凝聚力。在他的影响下，跑团一天天发展壮大，从最开始的几个人到十几人，再到几十个人乃至一百多人，从只有教育创业者参加，到成为教育学者专家、校长和教育创业者们共同的团队，名称也从"互联网教育跑团"改为"教育创新跑团"。可以说，团长既是跑团发展壮大的关键人物，也是凝聚跑团的灵魂人物，很多人都特别感谢他影响了自己。

现在回想起来，今天的教育创新跑团特别受大家欢迎的原因在于：动机至善、私心了无、助人达己。不仅团长是这样，跑团里的每一位朋友都是这样。大家就像一团火，温暖、照亮身边的人。

开启众多的"第一次"

在这样的跑团里，很多人实现了人生的各种"第一次"。虽然说跑步是最容易的运动，只要身体不受伤，每个人都可以跑；但爱上跑步，还是需要掌握一定的技巧并进行持续的训练。很多人对跑步敬而远之，给自己贴上"不适合跑步"的标签，比如很多团员在加入教育创新跑团前就从不跑步，但经过跑团的锻炼，后来却能跑出半马、全马的成绩。这是怎么做到的呢？

根据我们的经验，从0到1是最难的。为了帮助新加入的人实现"0的突破"，跑团内形成了特别好的传统：为了避免新人入门第一次跑快、跑累、跑厌，就此放弃，每一位新入团的跑友都会享受陪跑的待遇，直到能跟上某个组。我是"老陪跑"，陪跑不仅是陪伴，还要指导新人正确跑，在新人不想坚持时打气鼓劲，在新人紧张时讲话分散一下注意力。曾经有新人中途想放弃，为了甩掉我，一路上连去三次卫生间，结果出来总是发现我在外面耐心等着，于是"只好"坚持跑完奥森一圈。

在这样的传统下，跑团成为一个互相成就的团体，大家互相带动、互相支撑，开启了众多的人生第一次，比如很多团员在参加跑团后，跑出人生第一个3公里、5公里、10公里。人到中年之后的"第一次"，意义格外不同。所以这些第一次往往还产生迁移，改变了大家的人生心态和轨迹。这也是教育创新跑团独有的魅力。

我们的成员里有著名学者，有成功的教育创业者，有名师名校长，有著名出版和媒体人；但在跑团里，每个人都只是一个热爱跑步的人，在跑步中享受简简单单的快乐，享受健健康康的愉悦，又把这种快乐和愉悦传递到工作中、传递到周围的人身上，独乐乐带动了众乐乐。

跑步与教育

对教育人来说，跑步，不止于跑步。教育人跑步的时候，也总是联想到教育。跑团引发了诸多关于跑步与教育的思考，有教授评价说"跑团是在实践真的教育"，有校长参加跑步后写出多篇关于跑步与教育的文章。

我们在跑团中也践行教育创新理念。每次集体跑步实行"分层教学"，将团友分成630组、730组、830组、930组和新入门组，保证每个人都能找到与自己水平相当的组别，不用跟别人"卷"，跑出自己最舒服的状态就是交出满分答卷。

跑团在吸纳新成员时实施"有教无类"，不以年龄、体重、性别、水平作为准入门槛。所以跑团里什么年龄的都有，什么水平的都有——既有跑步大神，也有跑步小白；有年轻的，也有70岁的；有苗条的，更有体重超标的。

业余跑者也可以有"专业精神"。每次集体跑步，北京马拉松协会的赵福明会长会带大家跑前热身、跑后拉伸，还提供跑中指导，在各领域取得卓越成就的精英们像小学生般认真学习。在会长的科学指导下，大家逐渐变得专业，实现了不跑伤、不跑累、不跑烦，得到了正反馈，从而逐渐爱上跑步。

跑团里崇尚"有言实行"。每年、每月，跑友们根据自身情况，制定跑量计划并公示，完不成要"乐捐"。每月最后一天,经常看到跑友们赶跑量,像极了赶暑假作业的学生。

跑团重视"鼓励与赏识",这不是小朋友的专属,成年人的生活更需要这样的激励。每日跑步的跑友在群里接龙后,轮值团长都会逐一进行"点名",并以金句、小作文、古诗词进行表扬激励,团友们也以被点名表扬为荣。

除了跑步,跑友们在各自领域取得的成绩也影响激励着彼此。在这样的正反馈、正循环中,跑团早已超越了跑步本身,成为一个向上、向善的场域。

从一个人跑到一群人跑,从发起人到服务员、陪跑员,看到教育创新跑团日渐壮大,有影响力的人越来越多,我既感到自豪,也油然而生一种使命感。把跑团组织好、服务好,与跑友们一起健健康康跑到 80 岁,成了我的心愿。

杨丹,教育创新跑团发起人,中关村互联网教育创新中心主任,元宇宙教育实验室主任,中国教育学会高专委副秘书长。

跑步延展了我的教育人生

□ 朱建民

> 教育也好，人生也好，都不是"赢在起点"的短跑。永不言弃，找准节奏，朝着自己设定的目标奔跑并享受快乐奔跑的过程，是"跑好"的关键。

跑步带给我的快乐和好处不胜枚举。我喜欢跑步——穿上运动装，换上运动鞋，户外跑上几公里，这是一天忙碌之余一小段完全属于自己的时间。在跑步中放空自己，只专注于呼吸和脚步，那是自我的能量被收回来、聚拢一处的过程，而跑完后的身体疲劳、精神放松，则是一种由衷的身心舒畅。

著名作家村上春树在33岁的时候才开始跑步，坚持了几十年。有人问他：如果哪一天不想跑了怎么办？他说："那我就迅速换上跑鞋出门。"这是我很欣赏且身体力行的跑步态度，也是我喜欢的一种积极的行动力。有很多道理人人都懂，但不是所有人都能过好这一生，就是因为只想、不做。而对跑步的人来说，果敢的行动力意味着，只管去跑，忘掉时间和终点，没有多余的情绪和想法，会轻松很多——这样看来，跑步，又不仅仅是跑步。

跑步是一种生活方式

中学时代我就喜欢跑步。我家住在西四，即便是冬天，不用父母叫，5点钟我也会准时起床，沿着西四北大街往南一直跑到民族饭店，再沿着7路公交车路线，绕新街口一圈跑回家。冬天5点多钟天还黑着，马路上常常只有我自己一个人在跑。坚持长跑让中学时的我打下了好身体的底子，获得了"体育健将"称号，在西城区中学生运动会上得过800米的第6名——那是有体校学生参与的全区运动会，成绩还是不错的，另外我也有国家体育总局颁发的体育二级证书。可以说，从学生时代起，坚持不懈的奔跑就已经成为我生活中重要的一部分，也是我的一种生活姿态。

当校长后，工作繁忙，运动渐少，体重陡增。到医院一检查，居然血压高、血脂高、血糖高，不仅"三高"，还有重度脂肪肝。健康敲起警钟这事，让我在退休之际重拾了跑步锻炼的习惯。一开始只能慢跑几百米，又累又难受，真不想坚持。后来感觉逐渐好起来。跑步的距离、跑步的时间都在慢慢加长。每一次这样的小小进步，都让我切身感受到欢喜，也让我对自

∨ 黄向伟 摄

己有新的发现。经过两年的慢跑,我的血压血脂血糖都回到了正常值。可以说,关键时刻,跑步这个看似无用的爱好发挥了决定生活质量和生活走向的"大用"——毫不夸张地说,跑步给了我一个新的生命。

很庆幸我重又爱上了跑步,而加入教育创新跑团则让这个爱好有了固定的"组织"。在跑团专业教练的带领下,我学会了科学慢跑,并且有了一帮"铁杆"的跑友。相比于风驰电掣的飞奔,慢跑更需要安静从容的心境——不疾不徐,调匀呼吸,自由地安享当下。由此,我对跑步的热爱更是与日俱增,很多活动都要给跑步健身让路。有次从南方出差返程,因为天气原因航班延误，周日凌晨3点钟才在首都机场落地。而为了参加当天教育创新跑团的长跑，我是直接从机场奔向了奥森。跑团的跑友们都特别感动，说我是专程飞回来跑步。

另外还有一件事让我津津乐道。车牌限号时，我常坐公交车往返三十五中高中部和自己的家。退休后有老年卡，三十五中高中部校区有47路公交车可至我家附近。有次刚出校门就看到一辆47路在十字路口，如果这个车在路口赶上红灯停一会儿，我快走几步到公交车站就能坐上。但当时车已经起步了，我就以百米跑的速度往车站跑，正好赶上那辆车。上去之后我刷了老年卡，司机看着我飞跑过去的，不相信我60多岁了，还特意拿过我的卡核对。这件事后来还被跑友们传为佳话，来互相激励。

疫情期间我也没有间断跑步。2022年年底，我在熙诚学校附近的一个公园跑步时绊了一跤，膝盖淤青严重到半年多还没好，但当时我还是坚持跑完。跑步于我，真是一件"享受其中"的事。其实，无论哪一种运动，比如跑步、爬山或打球，什么都好，只要保证每周不少于3次，变成生活习惯，都会让人感受到快乐。哈佛大学有研究表明：每周3次、每次30分钟的有氧运动，与最强劲的精神药物有同样效果。也早有研究显示，跑步可以刺激人体产生多巴胺、内啡肽，让人感受到愉悦自愈。

耳顺之年突然有了这样的尝试，有了新的发现，有了新的长进，心中的惊喜，可想而知。跑步让我在工作和生活的切换中张弛有度。

跑步与教育

跑步某种程度上是一种自己跟自己较劲的运动。对每个人而言，不论是快跑还是慢跑，跑步本身都不是一件轻松的事情，跑步的过程都伴随着难以避免的、需要用"坚持"去克服的痛苦。但同时，对于爱好跑步的人而言，它又是一种自己的主动选择，是一次挑战自我、战胜自我的经历。正是在这样的经历中，我明白了"坚持"的意义——只有坚持下去，才能感受到最后阶段的正向激励，人生亦如是。由此我也想到教育——跑步也好，体育也好，在我看来，都是教育的重要载体，不仅能壮筋骨，还能调感情、强意志，是人格教育的最好方式。

国学大师钱穆先生曾在常州府中学堂读书，对体育老师刘伯能难以忘怀。在《八十忆双亲·师友杂忆》一书中他回忆道："伯能师在操场呼立正，即曰：'须白刃交于前，泰山崩于后，亦凛然不动，始得为立正。'遇烈日强风或阵雨，即曰：'汝辈非糖人，何怕日；非纸人，何怕风；非泥人，何怕雨。怕这怕那，何时能立。'"——这是"以体育人"的最佳范例。

作为校长，在不同学校的办学过程中，我也始终坚持践行以体育人的理念。

在三十五中任校长期间，我把体育作为学校的第一学科。我们组织六年一贯制的孩子每年在奥森举办6公里长跑，我自己领队，带着学生跑。2018年，高二项目班的24名学生在六次香山拉练、两次长跑历练、一次热带雨林穿越后，集体挑战最高峰海拔5396米的哈巴雪山并顺利完成登顶。很多人曾经问过我："你怎么敢让高中学生整班去爬雪山呢？"唯其艰难，才更显勇毅。唯其笃行，才弥足珍贵。孩子们也惊讶于自己的坚持与潜能。经历了这些活动，他们增强了对自我潜能的信任、对生命的珍视、对远方的向往、对意义的追求、对坚持的笃定、对团队的感恩、对奋斗的崇尚。我坚定地认为，这些孩子的品格中一定会有一个字，叫"韧"，他们不怕吃苦流汗，不怕山高路远，不怕舍去。在他们人生的成长路上，这个"韧"字一定会时刻发挥作用，助他们攀登自己的理想峰巅。

如今在我任校长的熙诚学校，学生也是每天早晨有早锻炼，在操场跑3公里。我想，如果经过3年的高中生活，不能给他们一个健康的身体，我们就失掉了办学的终极目的，是最大的本末倒置。

努力跑到 80 岁

60 岁,我从三十五中校长岗位退休。我一直在想,还能为社会、为孩子们、为每个家庭再做点什么?在北京金融街资本运营集团的支持下,从教 45 年、当校长 20 年后,我再度出山担任熙诚学校的创校校长,带着多年的教育思考与毕生的教育经验,在熙诚学校开启了教育理想与教育创新的新征程。

要想把这个工作做好,不光是需要经验的积淀。学校在大兴的采育镇,距城区我的家开车往返一百多公里,加上每天工作都在十个小时以上,这个工作强度如果没有一个好身体是扛不住的。前一阵看村上春树的《当我谈跑步时,我谈些什么》,有个观点深得我心。村上说自己要写东西、要创作,是需要深入探究自己的内心的,这件事是需要足够的体力的。所以他很自律,通过跑步和严格的作息把身体维护好,这样在创作需要调动情绪时,才能稳得住。

的确,有时困难之所以是困难,是因为我们的身体状态不足以承担,而人在元气饱满、心情稳定时,自然能面对和处理更多的问题。人生有限,光阴一晃而逝。保持良好的作息和健康的身体,生命才能创造更多的可能性。而跑步,具有集中力和耐力的双重加持,让我重新焕发了青春,也开启了一种新的生活。

∨ 佚名 摄

跑步于我，是热爱生活的一种方式，是对美好未来的一种憧憬，也是个人的一种追求：用一个健康的身体，为党为国家"健康工作50年"。周日，没有特殊情况的话，我都会与教育创新跑团的跑友们一起出现在奥森，每次跑步少则四五公里，多则十公里。从体制内到体制外，在新的赛道设立新的目标，开启新的生活——强健的体魄，不仅为我的长时间工作提供了保障，也给了我克服困难的动力。

我喜欢说，人生就是一场马拉松。现实中的马拉松比赛，最艰难也是决定胜负的，是30公里以后即体力到达极限后的策略和坚持。教育也好，人生也好，都不是"赢在起点"的短跑。在这场充满变量的特殊"马拉松"中，永不言弃，永不言败，调匀呼吸，找准节奏，朝着自己设定的目标奔跑并享受快乐奔跑的过程，是"跑好"的关键。我给自己设定的目标是争取跑步到80岁，争取健康地工作到80岁——以这样一种新的人生姿态来走我的人生历程！

朱建民，中学正高级教师，北京市第三十五中学原校长，现为北京大兴熙诚学校创校校长。

跑团里的教与学

□ 王海霞

> 我跑步的状态非常像一个学习困难生。在从畏难到突破再到享受的这个过程中,我既实现了自我的革新,又对我所热爱的教育事业有了更深切的认识。

这辈子我最害怕的运动项目就是跑步,最喜欢做的工作是教育。我以前从没有想到,跑步和教育有这么大的关联,一个跑步的团队中,居然也能蕴含着丰富的教育学。

在失败经历中重启学习

害怕跑步的阴影是中学时代留下的。每次跑步我都是最后一名,跑到 200 米之后就会头皮发麻、四肢发软、身体沉重……。有一次,在跑完 800 米之后,我忽然感到四肢无力、视线模糊,一下子就什么都不知道了。苏醒之后,我发现自己被扶坐在一把椅子上,周围围满了关切的同学。每次想到这个场景，我就羞愧难当。少年时代的失败经历深深铭刻在我的心里，让我彻底丧失了对跑步的兴趣。

华蓉老师是我的邻居，多次喊我一起到奥森晨跑，都被我用精心编制的各种谎言搪塞过去了——有时候说自己出差了，有时候说自己生病了，有时候说家里有事走不开。直到有一天我实在想不出什么新理由，被逼到了墙角，不得不迫于面子说"下周日一定去"，准备最后搪塞一次。没想到下一个周六晚上，她给我电话说："明天早上我在你们家门口等你，我坐你的车。"实在没辙了，我只好硬着头皮答应，这是我第一次参加教育创新跑团的跑步活动。

华蓉拉我跟着她跑 8 分半配速，结果不到 500 米我就跟不上了，心里开始打退堂鼓。没想到一回身发现，刚认识的跑友杨丹紧紧跟着我，说："今天团里安排我专门陪着你跑。"万万没想到，教育创新跑团里还有这样的"盯人术"。万般无奈，我只好咬咬牙，气喘吁吁地说声谢谢，硬着头皮坚持往下跑。中间有好几次，实在跑不动了，就停下来走走，再跑，再走走，再跑。就这样，在大家的鼓励和监督下，我竟然连走带跑完成了 5 公里，这大大出乎我的意料。正是跑团坚持的这种"个别化指导"和全程陪伴，让我破天荒跑出了第一个 5 公里。

我不由得联想到教育：克服老习惯、启动学习其实是很难的，就像推动一个质量很大的轮组，克服惯性需要很大的

∨ 黄向伟 摄

初始力量。第一步很重要，尽管迈出第一步也并不能确定就会有第二步、第三步。但是，没有第一步就永远停留在原处。第一次跑步之后，连续数周，每次只要我参加跑步，都有一位伙伴陪跑，从教练到团长，从副团长到团员，在大家的轮番陪伴中，我度过了最艰难的起始阶段。

身为教师，我常看到不少学生不断经历挫折和失败，有的不畏挫败，弹跳而起，发展得更好，有的却一蹶不振，失去前进的动力。我不得不反复思考失败经历对学生学习和成长的影响。失败之后，能不能重启学习，能不能愈挫愈勇，是学生成长中必须面对的关键问题。

从自身的跑步经历中，我感到：失败经历是重启学习的大障碍，要重新启动学生的内动力，需要找到三个撬动点，就是学习者对现状的认识起点、重新开始的学习起点、坚持下去的动力起点。首先要对过往的失败和成功因素进行归因，比如要重启跑步，一定要分析过去为什么总是坚持不下来，要解决心态问题。其次是清楚自己的学习起点，比如我跑步存在的问题是什么？原来所做的哪些是对的，哪些是错的？最后是寻找动力起点，给自己一个敢于面对失败、重新开始的理由。比如，我向往好身材和在阳光普照下奔跑时健美的样子。当然我们也要明白，成功的背后是坚持，这也是一个很大的挑战。像我这种对长跑心生抗拒且自我否定的人，说服自己重启跑步，就像去说服一个经常在考场失意的学生去参加考试一样可怕。所以来自他人的、团队的帮助至关重要。

"一个都不能少"是如何实现的

连续参加跑团的"一起跑"活动三次，才能获得加入跑团的资格，领到红色团服，正式成为跑团一员。完成三次跑步后，我感受到了教育创新跑团将跑步与教育学结合的神奇，也有点儿体会到了跑步的魅力，发现了自己可以跑步的"潜力"，于是决定加入跑团。

教育创新跑团讲究一个都不能少，一个都不掉队，跑步时有6分半、7分半、8分半、10分半等配速不同的组别，集体热身之后自行选择。这使我每次都能找到适合自己的小组，找到速度差不多的跑友们，和大家一起跑。这和教育中倡导的因材施教、分层设计，是多么契合啊。

对于学习困难者来说，获得第一次成功体验非常重要。这个过程需要老师特别的帮助和个别化指导。来自教师的特别关注会给学生带来很大的激励，让学生愿意有更大的投入，以"报答"的心态采取更加积极的行动。这是帮助学生扭转状态的一个关键时刻。另外，根据能力大小进行的分层设计能够让学习者在最近发展区尝试，有助于调动其积极性，发挥其潜能，所以个别化的指导和帮助是学习困难者特别需要的，团队的带动也有很大的推动作用。

除了"因材施教"，教育创新跑团内还充满了仪式感和伙伴激励。每次跑步之前集体热身、热身结束集体合影、跑步结束集体拉伸、拉伸完毕大家在群里打卡分享跑步数据、黄向伟团长随后发布精心拍摄的美图和视频……，教育创新跑团里有各种充满仪式感的小细节。群内打卡机制让我每天都能看到榜样，还能经常听到团友组织大家报名参加跑步比赛的消息。这种仪式感和伙伴的榜样激励支撑着我在初期咬牙坚持，常常暗示自己千万不能掉队。就这样，在走走跑跑中，我艰难地度过了最开始的两个月，慢慢地，跑的时间越来越多，走的越来越少了。

教育何尝不是如此，成长中的仪式感就像给时间打上若干重要的记忆之结,也像缓释胶囊一样,会持续发挥作用。仪式感赋予每一段历程特别的意义,从而触动某些人,带着他们向前走一段。而伙伴们在一起形成的团队激励就像有力的激流,彼此融汇,一起向前。

寻找建立新习惯的方法

有几次我因为工作忙耽误了跑步,连续几次都没有去跑。没想到惰性又开始冒头,这一停就是好几个月。每次周日要去跑步的时候,我就开始为自己找理由:还有更重要的事,这么长时间没跑了先自己练一练再去,膝盖疼不适合跑,下一次再说,等等。第二个恶性循环开始了。

这使我开始思考学生成长中习惯的巩固问题。新习惯的巩固会面临很大的挑战,就像山体滑坡一样,一旦松动就会急转直下。必须制止产生动摇的第一次行动,就像看到有裂缝马上修复一样,否则人性的懒惰就会把你彻底拉垮。关键问题是,如何克服每一次的内心动摇?这真的需要找到内在的动力,而寻找动力的过程需要我们进行理性分析、理性决策,决策之后还要有"不假思索"的坚持。这种道和术的结合,是坚持做某件事的关键。以跑步为例,我当时并没有把跑步带给我的好处想明白,没有把它放在很重要的位置来对待。在重要不重要、紧急不紧急的排序中,没有它的影子。

这是关键中的关键。有时候,我也偶尔想去跑,内在的动力是想象着自己变成一个身材健美的人,穿着健美的运动衫跑在晨光里,这是多美的积极人生呀。而在术的层面,我却并没有要求自己"马上行动",于是,就终究停留在想象上了。我想那些停步不前的人很多都和我一样。

作为一个教育人,我清楚地意识到自己的状态非常像一个学习困难生。我也想借此过程深入观察一下自己,寻找自我解救的方法。我坚信这种方法可以迁移给更多人,帮助更多的人自我改变。想明白这一点之后,我准备再尝试开启第二轮实验。

好在有跑团,我的跑步重启计划得到了大家的帮助。黄团长对每一个团员的状态都很关注,看到我的情况后,主动提出带我跑,教我怎么把控节奏、如何含胸收腹、如何保持正确的肢体动作。跑团的姐妹们也以身示范,常常提醒。正确的跑步姿态帮助我在老师的带动下,以自己的节奏坚持跑完5公里,这对我来说是历史性突破。我对自己逐渐有了信心,也知道了自己当前的能力边界。我开始把5公里当成目标,但是怎么坚持运动依然是个问题。

我开始研究习惯是怎么建立起来的。《习惯的力量》中写道:为什么我们这样生活,那样工作?作者采访了超过300位科学家和高管,集中研究了严格意义上的习惯:"有时我

∨ 黄向伟 摄

们刻意做出的选择会在自己停止有关思考后持续，而且是日复一日地持续。在某一刻，我们会有意识地决定应该吃多少，想安排自己何时去办公室，多久喝一次酒，或者什么时候去慢跑，然后就不再作选择，这些行为会自然而然地持续。这是人类神经系统作用的自然结果。通过弄清楚背后的原理，你可以重新构建你选择的模式。"

可见，一个习惯的建立需要三个因素，即"暗示—惯常行为—奖赏"形成的闭环。我首先开始寻找"慢跑的暗示"，我发现是一套运动装备，于是，我把这套装备放在每天都能看到的地方。我要求自己，每周末只要看到它就不假思索地去跑步，把它作为我的惯常行动。那么我最在意的奖赏是什么？想了想，是跑完之后内啡肽带来的愉悦感和自己更加健美的感觉。于是，我穿上装备跑完之后，开始用心体验自己心情的变化，果然感觉自己就像电视里的健美女神一样，好像腰也瘦了一点。

为了帮助自己坚持下来，我还进一步学习了斯坦福大学行为设计实验室创始人 B.J. 福格提出的习惯养成理论。他认为，要想设计出成功的习惯并改变自身行为，需要做到三件事：停止自我批评；把你的愿望拆解成微行为；将每一次错误当成是一种新发现，并利用它们不断改进。福格行为模型提出，行为取决于动机、能力和提示，所以要最强化自己的动机、最小化行为的难度、最大化提示的频率，成功之后要及时自我奖励，这样才能保证持续的行动。

于是，我开始给自己制定新的跑步规划：先建立初级习惯——挑选自己最喜欢的速干衣，想象自己换装之后健美的样子，把每次跑步都当成到大自然散步的机会；每周只完成1至2次慢跑，速度多慢都行，只要绕着公园的林荫道（3公里）跑完即可；手机的记事本和闹铃同时设置提示；每次跑完都要奖励自己用最喜欢的方式休闲度过半天时光。形成初级习惯之后，我会奖励自己一套新装备。当自己能够稳定保持这个初级习惯了，我就再增加每周跑步的次数，挑战中级习惯。

现在，我偶尔参加集体跑，和团友们相互砥砺；更多的时候是独跑，不受速度限制，没有心理压力，全身心投入天马行空的自我放飞。这两种方式都能够让我享受其中，让跑步自然而然地成为我生活的一部分。

在从畏难到突破再到享受的这个过程中，我既实现了自我的革新，又对我所热爱的教育事业有了更深切的认识。我们需要帮助学生想明白自己要什么，想好之后就心无旁骛地行动起来，想得越多，给人性中的惰性留下的机会就越多。我们要用集体的力量激励学生，通过仪式感和伙伴激励，让大家相互监督、互帮互助。我们更要不断学习科学的方法，因材施教，帮助学生突破旧有习惯，建立新习惯，来抵抗人性的弱点。

我愿把这些跑步和跑团带来的教育启迪，传递给更多需要帮助的学生，以自己的亲身经验告诉他们，什么时候出发都不晚。

王海霞，正高级特级教师，北京十一学校龙樾实验中学书记、校长。

距离中的秘密

□ 朱继文

> 每一次跑步带给我的新感悟,我都会举一反三地联系到幼儿教育上。跑步绝不单纯是一种运动,它也是自我塑造的好方法。

朋友提议去跑步,我第一反应就是:"要跑多远?我能跑多远?"有了这种念头,就很难真正开始跑步。直到加入教育创新跑团,我才意识到,迈出的每一步,达成的每一个目标,过程中看到的每一个景物,都比单纯的距离更有意义。重要的从来都不是跑了多少距离,而是这段距离赋予自己的能量。

作为幼教工作者,我喜欢问为什么,喜欢从各种角度来思考孩子的教育问题。两年的跑团生涯赋予我的财富不仅有朋友和同事口中健康的身体、逆生长的容颜、内心的丰盈与温暖,还有对教育不断的新认识、新感悟。在跑步中,每一段距离的尝试与发现,都帮助我揭秘教育中一些神秘的度量衡,让我越来越坚信,专业是高质量教育的基础。

∨ 佚名 摄

神奇的 5 公里

"关键期"是教育中一个很重要的词,指具有决定性的事情进展阶段。对初入跑团的人而言,5 公里就是一个关键阶段,突破 5 公里,蜕变将由行动延伸到思想。

记得第一次挑战 5 公里,是一个夏日的清晨。那时的奥森公园,如同世外桃源,鸟鸣虫叫。知道要挑战 5 公里,热身准备时,我就已激情满满,暗暗鼓励自己:"这点儿路程,一鼓作气一定行!"起跑后,前十几分钟里,我步伐轻盈地驰骋在跑道上,可谓酣畅淋漓。慢慢地,我开始呼吸急促、脚步沉重,靠着数路边的小树或者花草计算里程,一边在心里默念着"我可以,我坚持",一边开始犹豫是否放弃,下次再尝试。就在我艰难纠结的时候,教练来到了我身边。他先是表扬我跑步的姿态,后又肯定我过程中呼吸和速度保持得好。当我用自己都快听不到的声音说完"谢谢"后,他说:"现在就是考验耐力的时候,你现在的实力完成5公里没有问题,相信自己,保持自己的节奏,我陪着你,很快就到终点了。"

也许因为有教练的陪伴,也许是精神力量的作用,也许是心里对成功的期盼,虽然脚步依然沉重,但是坚持下去的信念已经在我心里生根。就这样,我成功完成了5公里的挑战,这对于一直抗拒跑步的我来说,喜悦无以言表。

回顾整个过程,我非常惊叹这5公里的设置,它真的是一个非常特别的距离:跑5公里刚好在30分钟左右,不长也不短,平时锻炼不会占用太多的时间;时间不长,过程就不至于太枯燥,这样想要尝试或坚持的人就不会因畏难而放弃;同时,它的运动强度又有一定的挑战性,是一个需要努力才能完成的挑战,而且随着自己实力的不断提高,还能够不断感受到速度的魅力。

5公里,对于跑步者来说是一个目标,实现这个目标既需要跑步者自身的努力,但也离不开教练的指导与陪伴。这个过程对教育者来说是熟悉的。我们每天都在活动中实现着各种目标，但我们是否认真思考过：我们所设定的目标是否科学合理？孩子是否跳一跳够得着？我们是否在过程中不断激发孩子的好奇心和求知欲？是否能带给每个孩子新的知识经验？作为孩子的支持者、引导者，我们是否了解每个孩子的发展水平，准确捕捉到孩子的真实需要，给予每个孩子适宜、有针对性的指导，耐心按照孩子的节奏陪伴孩子成长？我想，如果我们能静下心来认真审视一下自己的教育过程，获益的一定不只是自己，更是我们所面对的每一个孩子。

温暖的 30 厘米

30 厘米的盲人陪跑绳，代表的不仅是盲人与陪跑人相隔的距离，更是尊重且温暖的空间。当我看到并肩前进的盲人与陪跑人，我再次深刻地感受到，"爱"需要空间。

一次跑团活动中，前面两个并排跑步的人吸引了我的目光。他们身高相近，步伐相似，节奏稳定，两人拉着一根绳子，大概三四十厘米的样子。出于好奇，我默默地跟随他们跑了几分钟，发现左侧的人偶尔会小声提示什么，并排的队形则始终没有变化。带着疑惑，我又继续跟跑了一段距离，便决定超过他们。

当我从左侧柏油路超越他们时，好奇心驱使我用余光望了一眼旁边的两人。这一眼让我大吃一惊，原来右侧的跑者是一位盲人。虽然他已汗流浃背，头却直挺向前，眼睛定定地看着一个方向，表情轻松自然，这不禁让我肃然起敬——一是欣赏盲人跑者的毅力品质，二是钦佩辅助盲人跑者、按照他的速度前行的领跑者。神奇的是，这个画面竟让我也想做个助盲领跑者，虽然知道自己当前的能力还不足以胜任这个角色，但这美好的愿望却让我的步伐也轻快了起来。后来我才知道，跑团有几位女跑友一直坚持每周四到奥森助盲跑，令我再次感受到跑友们让人震撼的力量。

想着不打扰就是一种尊重，我没有过多停顿，继续向前跑，但内心因这次偶遇澎湃着一股力量。我想，努力自我实现值得钦佩，尽心帮助他人成就自己更是崇高。这普通的30厘米陪跑绳，是陪跑人对盲人跑者的支持与尊重，它让盲人跑者有空间，但又不会迷失方向。

通常我们会认为，在自己的能力范围内给予他人帮助与支持很容易，实则并非如此。如果仅是单方面的给予的确容易，但若想达到心灵相惜，彼此都感到舒服、幸福却实属不易。这也让我开始思考：对孩子来说，何谓真正的"爱"？成人所想的一定是孩子的需要吗？成人无微不至的关爱一定有利于孩子的成长吗？成人所给予的陪伴是否挤压了孩子独立探索的空间呢？我想，作为教育者，我们需要不断思考、检视一些习以为常的观念。

最近与最远的距离

> 世界上最切近也最遥远的距离，是心与心之间的距离。心近了，天涯咫尺；心远了，咫尺天涯。跑步带给我的，不仅是和他人的连接，更是对自己的再认识。

回顾起来，我要感谢带我走进跑团这个优秀团队、给我鼓励的华蓉博士。在跑团，不仅有跑步，更有思想上的碰撞交流。当和同行专家、大咖聊跑步带给自己的变化时，你会认识到勇于尝试就会有意想不到的收获；当跑步过程中感受到大家相互鼓励、不离不弃的陪伴时，你会感到彼此倾情付出的幸福；当大家由跑步聊到人生时，你会认识到人生态度决定生活质量。正是相互交流，让我们越来越了解彼此、信任彼此，成了更亲密的朋友。

更让我惊喜的是，教育创新跑团不仅让我认识了很多新朋友，也让我更加了解自己。我知道自己的特点是善于思考，对教育的敏感性高，于是每一次跑步带给我的新感悟，我都会举一反三地联系到幼儿教育上。我开始更加关注孩子的真

∨ 佚名 摄

实表现与实际需要，更加关注教师支持的适宜性。同时，我也会利用跑步中的小故事引导教师去关注自己和孩子之间的互动，站在孩子发展的角度进行分析，助力教师成为爱反思、会反思、懂支持、会陪伴的教育者。

随着对跑步越来越热爱，我也开始关注园里热爱跑步的老师。我发现，他们同样对自己的认识更加深刻，也更懂得如何激励自己，发挥自己的优势。可见，跑步绝不单纯是一种运动，它也是自我塑造的好方法。

了解他人是一种能力，了解自己才是智慧的开始。感谢跑团赋予我打开智慧之门的钥匙。现在，跑步对我来说已从自我挑战变成一种生活态度，助力我从自我反思进阶到自我成长的道路上。

爱我所择，并在坚持中不断遇见更好的自己，才能成为自己人生的主角。人生如此，跑步亦然。热爱跑步吧，跑步会带给你很多能量，赋予你无穷智慧。

朱继文，北京市特级校长，首都十大教育新闻人物，北京市丰台区第一幼儿园园长。

培育精神花园

□ 刘谦

> 偶入教育创新跑团,仿佛进入了一个成人的童话世界。在漫漫日常生活中,跑团营造了一座小小的精神花园,让我们在凡俗生活中也能安放美好寄托。

2022年的7月,在艳梅妹妹的"召唤"下,我偶入教育创新跑团。原以为跑团主要就是帮助我"跑"得更好,谁承想这一"偶入",我仿佛进入了一个成人的童话世界。童话常常属于儿童,充满奇异幻想和美好寄托,成人世界则是那样具体而现实。跑团的存在却让二者并行——在漫漫日常生活中,营造了一座小小的精神花园,让我们在凡俗生活中也能安放美好寄托。

在这座花园里,有每周日清晨活跃在奥森公园的"小红人儿",大家身着红色团服,无论春秋寒暑,按照"丰俭由人"的配速,整齐平稳地跑动着;有跑动间的欢声笑语,也有夹杂着教育专业问题的讨论……。虽然刚入跑团一年，不足以言"故事"，但我已深为它的魅力着迷。对我而言，跑团有四个关键词：

第一个关键词，尊重身体。我们几乎在无知无觉中依赖身体展开一切活动，对大多数人来说，只要它不发出病痛预警，我们就很少感受到它的存在。而跑步能让我们的身体被全面唤醒、充分舒展——跑步中，伴随着多巴胺的作用，跑者对身体本身产生积极的凝视；跑步归来，在浸透的汗水中拉伸肌肉，让我们确切知道，我们正在认真对待这个与自己不可分割的伙伴。万物自化，我们的身体也是大自然的图画与诉说。以跑步为仪式，无论是在跑动中挑战身体极限，还是以轻松配速聆听有节奏的脚步声，都是在冗长的日常生活中和身体的用心对话。这是对身体的尊重，更是对自然的谦卑。

第二个关键词，回归自然。跑动在晨曦中，教育工作者们难得暂时离开书籍、电脑、讲台，仰望绚烂高远的橘色朝霞，跑动的身影与奥森公园的四季变换共同构成一幅美丽长卷。亲近自然，是人类祖先刻印在基因中的密码；刻意而为的线条并不符合人类视觉系统的本能需求。以色列学者赫拉利在《人类简史》中说，人类不过是大自然进化长河中由于基因突变而幸存下来的"小可怜"。在丛林里、在荒漠中，人类祖先以特定的视觉构造探索自然、亲近自然，以奔跑求生存。

这是人类本能的重要组成部分。这也是在模拟景观几乎可以无所不能的时代,人类依然需要在自然环境中感受视觉愉悦、身心放松,依然可以从奔跑中得到本能释放的原因。然而社会越发展,人类的血肉之躯与大自然之间越是横亘着诸多障碍,人类对自然的渴望越难以安放。寓居都市,钢筋水泥包裹着生活常态;绿树成荫、四季花开的公园,算是城市为人们亲近自然所做的最具可及性的努力吧。定期以奔跑为媒介,最大程度贴近草木的气息、充满生机的绿色和线条参差的枝叶与云朵,是都市生活中难得的回归自然时刻。

第三个关键词,感受支持。市面上有很多关于跑步的图书、视频。其中示范跑步的美女们几乎一律貌美肤白大长腿;帅哥们一概挺拔匀称,步伐矫健;唯独没有人教我们,要从跑步小白修炼成跑步达人,在最初的启动阶段需要怎样的机缘。而这一点,教育创新跑团给出了最生动、最真实的答案。简单地讲,就是以有序而富有弹性的组织方式、不评判的态度、友善的陪伴——尤其是对新团员的陪伴和鼓励,支持每一位成员发掘自身潜能。如果说每周日线下跑步活动中那些有仪式感的日常——热身、集体照、跑步、拉伸、视频分享,构成了跑团活动的"经线",那么,具有共同爱好却风格各异的"团长"、"会长"、可爱的团友们,则是贯穿跑团活动的"纬线"。"经线"提供着稳定的秩序感,"纬线"输送着灵动的宽松感。

经纬交织，编织成强有力的支持体系。那真是一个活泼团结、积极向上的组织！

在这个组织里，有勤勉帅气的黄团长，作为业务繁忙的商业精英，长期保持每周日线下活动的出勤，在微信群里准时为团友们提供每日金句的鼓励，为大家录像、拍照、制作小视频……，这番悉心投入，无疑为跑团注入持久养分。还有北京马拉松协会赵会长是本团的技术担当，他有最强的奔跑实力，却每次都以最低的配速陪伴在新团员身边，用行动阐明跑步运动的终极意义。还有总是报以微笑和鼓励的团友们：丹总、华蓉姐等具有巨大的精神感召力，将各位有缘人发展为跑团新团员；东升副团长、骆斌老师作为830组的"老人"，每次不仅负责稳定配速，而且还在跑动中用大嗓门儿讨论教育热点、新闻时政，这跑动中的"新闻播报"成为本组最大福利；我的学生们也被发动起来跟团跑步，而且形成了师门运动打卡群，年轻的学子们正在培养运动习惯，让青春更美丽，可算是跑团能量的场外辐射吧……

回首参加跑团的一年，自己在距离、速度上的所有小小突破都是在团友们的慷慨帮助下完成的：最开始只能跑4公里，郭华老师带我突破到5公里；跟着跑团，第一次完成了8公里；还记得疫情管控刚放开的第三天，那周的线下跑步只有团长、会长和我，在两位著名帅哥的"豪华陪跑"下，我完成了人生第一个11公里；今年4月30日，在"（慧）晶（海）灵"组合、"冠军组合"（珍珍、芝芝）的热心陪伴下，我突破了16公里，并新创了自己的配速纪录……。虽然和大神相比，这样的进展不值一提，但对我自己来说，这一年的奔跑能力有了实质提升。跑团成为跑步小白的"启动器"和大牛跑者的"孵化器"，它神奇地吸纳着真诚善意和自我修养的美好愿望，汇聚成强大的力量，支持着我们每个人。

第四个关键词，增强连接。加入跑团、培养了跑步习惯以来，我能感到自己和世界的连接变得更紧密结实了。在跑团的各种团建活动中，我们见证了彼此跑步之外的生活——迎接新年的嘉年华、潭柘寺春天里的模特队、团长的时尚贝贝农场、会长喜庆热闹的满月酒、眉州东坡的早餐聚会……。这些真切动人的记忆，唤醒了我们与他人连接的意愿和能力。即使是奔跑途中偶遇的陌生跑者，跑步也能成为我们互相连接的通道。更重要的是，跑步带动我们，将身心融入日出、融入陌生城市、融入江河湖海，这是我们与世界的连接。

我想，这四个关键词所诉说的，正是成人的童话。肩负着多重社会角色，成年人常常在有限选项里谋求选择的自由。孩童时，望着泡泡里的彩虹，可以雀跃欢呼；青年时，玫瑰色的未来似乎就在不远处招手；而成年，是要在不确定性中驾驭生活。科学健康的奔跑，是成人生活中为数不多可以自主选择

∨ 黄向伟 摄

的确定性。它简便易行,回应着人类回归自然、回归身体的本能需要,让我们得以超越庸常和琐碎。这样的坚持无疑是困难的,而教育创新跑团却以集体的方式,珍视和鼓舞人们日日精进的身心追求,在对社会属性的发掘中激发正念。

教育创新跑团的难能可贵之处,就在于激发人们去体认、去连接、去支持、去超越。我想,这样立足现实又不忘理想的境界,就是成人的童话,也是我们共同培育并滋养的精神花园。

刘谦,博士,中国人民大学社会学系教授。

"跑渣"变形记

□ 张东升

> "没有爱就没有教育,没有兴趣就没有学习。"教育创新跑团就践行了这样的爱与兴趣的理念,而我们这些人身体力行地证明了它的有效性。

开始写这篇文章的时候,我正好已参加跑步活动3年,总计跑步387次,单次平均距离5.14公里,单次最长距离12公里,跑步总量近2000公里。——一不留神,就跑了个北京到广州的距离。

我从小就不喜欢任何体育运动,能够成为长跑爱好者,能够让跑步成为日常生活的内容之一,能够从跑步过程中收获身体的健康、心灵的净化和精神的满足,甚至还加深了对教育的理解和认识,这个过程可谓充满了戏剧性和趣味性。

跑步的阴影

在我看来，跑步这种左脚追右脚、右脚追左脚的机械动作，既枯燥又乏味，是所有运动中最没有意思的。

跑步还曾经在我心中留下挥之不去的阴影。那年我14岁，读初中。学校开运动会，田径项目中1500米的中长跑被认为是校运会最艰巨的项目之一，很少有人愿意参加。因为我是班级的体育委员（我的体育最差，只是由于我的嗓门大，能喊口令，所以初中阶段还当了三年的体育委员），为了集体的成绩和荣誉，我报了名参赛。

结果可想而知，我不仅跑了个"翻江倒海"，最后是以双腿拌蒜的姿态坚持到了终点，"赢"得了我学生时代唯一的一次倒数第一；更要命的是，跑后的一个星期，我都是一瘸一拐地上学下学——成为学校里广受关注的一道风景。

所以，在我的意识里，跑步除了单调乏味，还让我有点恐惧。

初识跑团

三年前开始跑步的时候，我已经55岁了，正在制定最后一个个人五年规划——因为五年以后就到退休年龄，职场谢幕，完美进入老年朋友的行列。我在这个规划里增加了一些健身项目，比如每天一万步。当时，我也想尝试一些新的挑战，做一些我以前想做而没有做或者做过却没做成的事。

参加跑步完全是一次意外，我纯属是顶不住一位好友坚持不懈的"忽悠"。这位朋友参加了一个教育跑团，据说大受其益，每次见面都现身说法，非要拉我去跑步。拒绝了三次之后，我实在不好意思，就答应去尝试一次。当时我心里想，反正我也跑不动，我也不想跑，好歹去一次，象征性地跑几步，让朋友看到我真是不行，也就算了。

然而，难以预料的转变恰好就发生在这"第一跑"。

这一天早晨，我按时来到奥林匹克森林公园参加跑团活动。跑团的名称是"教育创新跑团"，成员多数都是北京教育界的人士，大多在40岁左右，也有的人和我年龄相仿。让我很惊异的是，每个人都很精神，有活力，特别是团长，年龄比我大好几个月，但完全没有一丁点"中年油腻"的影子，英俊潇洒，气宇轩昂，充满青春的朝气，那样子让人很羡慕，也有几分嫉妒。

跑团的跑步活动基本是绕奥森公园南园一周，大约5公里的距离。跑团还有很多规矩，如团员必须是教育界的人，连续三次参与奥森跑步后才能提出入团申请，即便成为正式团员，还必须要坚持跑步，才能保持资格。不过当时我想，这些规矩对我来说无关紧要，因为我一次都跑不下来。

第一次跑步

没想到，我准备做个样子的第一次跑步竟然实打实地跑下来了。这得益于跑团科学体贴的设计：对于每一个像我这样初次参加活动的新手，特别安排一位资深的跑手带跑。

带我跑的是位充满活力、激情四射的女士，我听大家都称呼她"丹总"，据说曾经是跑过马拉松的高手。跑步开始了，丹总一边跑一边给我讲跑步的要领和益处。我当时哪里有什么心思听她讲啊，一直在想我一会儿得找个什么借口脱身。

也许是因为紧张的缘故，刚刚跑了不到1公里，我就觉得胸闷，腿也开始酸疼。我就说："我跑不动了。"丹总说："没关系，慢慢来，'颠儿'起来就行。"再跑几步，我"颠儿"不起来了，她说："那就快走，一会儿再跑。"又过一会儿，我说："我不行了，走也走不动了。"她说："很多人第一次跑步都和你一样，但最终都成功，你肯定不是最差的，跟着我，不能停。"实在没辙了，我要了个心眼，说要上厕所，让她先跑。她说："不要紧，我等你，你出来再继续。"哎！我这跑又跑不动，甩又甩不开，真的"躺平"不跑了，脸面上又挂不住——毕竟自己是个男士。就这样一边跑一边纠结，到后来胸口没那么憋闷了，腿居然也不觉得疼了。我们居然完成了5公里的跑程，到达了终点。

这是我有生以来第一次完成5公里跑，说真的，有喜悦，

∨ 佚名 摄

但更多的是惊讶。我赶紧在朋友圈发了一条信息:"我居然跑了5公里,成功来得太突然!"5公里挑战成功,消除了我对跑步的恐惧,也颠覆了我对自己的认识。我第一次发现,原来很多我认为不可逾越的极限,其实只是我没有勇气去挑战,或者没有找到帮助我挑战的平台。

我的五年规划不是想尝试一些新的挑战吗?就从跑步开始吧!

第二个星期天,我几乎没有犹豫,早早起床来到跑团的活动场地。有了第一次的成功,我心里有了底气,尽管还是上气不接下气,但是,不想再放弃了。

群英荟萃的跑团

融入之后我发现,在教育创新跑团里,跑步已经不再是单纯的跑步了,跑步的过程也是大家交流思想、分享体会、探讨工作的过程。用群英荟萃来形容跑团是最恰当不过的,跑团成员大多是北京教育界人士,有专家,有官员,有校长,有高管,有各个学科的老师,甚至还有学生家长。

在跑团里,跑步是最突出的主题。尽管没有专业团队的速度和跑量,但团友们"各有各的闪光点":有的人可以一年365天,每天风雨无阻坚持跑步;有的人拥有好几块国内著名马拉松比赛的奖牌;有的人短短三个月时间就能从跑道新兵冲击半程马拉松;有的大神不久前完成了500公里越野赛……

同时,教育创新跑团又可称为"教育人的运动俱乐部",或者"教育圈中跑步爱好者的共同体"。我们常常戏称:"教育的事,没有跑步解决不了的,5公里不行,就跑10公里。"这话还真不是吹牛:当下各种和教育相关的大会,几乎都能看到跑团人的身影;教育学术期刊和报纸上,跑团人的名字也是随处可见;想讨论教育领域的问题,各层级、各学段、各学科，都能在跑团找到交流的对象；想开个教育方面的会议，演讲专家跑团齐备；想办学校，跑团从校长到教师一应俱全；想搞数字化转型，中关村互联网教育创新中心100多家机构，从元宇宙到智慧教室，只有你想不到的，没有它没有的；想让教育走向世界，不仅跑团里就有好几家知名国际学校的校长，团友们出版的外语书籍也发行全球……

应该说，教育创新跑团不负创新之名，让这群教育人在强身健体的同时，也为教育事业的发展开拓创新。

830温暖小组

随着对跑团越来越了解，我发现跑团有很人性化的组织形式：从距离上，有10公里组、6公里组，还有4公里组；从速度上，有配速7分半组，有8分半组，还有可以随意决定速度的"观察组"。跑步的人可以根据自己的体能，自由结组，以便选择合适的跑步距离和速度。

其中，8分半配速是为刚刚适应跑步的人设计的。可我从参加跑团到现在，一直是跑8分半的配速。三年跑下来，我可以做到每次跑步不用看表，8分半的配速上下误差不会超过5秒。

很多跑友一开始都从8分半起步，慢慢地适应了，就会加入7分半甚至6分半组。所以8分半组的使命就是让初跑者适应跑步，培养跑步兴趣，建立信心，我们自己称之为"830温暖组"。

温暖组之所以温暖，是因为追求的不是速度，不是距离，而是注重每个人对跑步的感受，帮助新手消除对跑步的畏惧心理。温暖组还要让跑步的过程充满乐趣。因此，每次830组的跑步几乎都像是在开一个小型研讨会——因为速度慢，所以大家有充裕的精力讨论热点话题，因为人数少，所以几乎人人都可以参与。

温暖组有一位不可缺少的人物骆先生，如果没有了他的存在——严格来说是他声音的存在，我们都会觉得6公里的跑程比往常要漫长许多。这位骆先生还有一个公认的绰号——"大喇叭"。这个绰号不仅是因为他个子高、嗓门大，更主要的是他可以从开跑一直"广播"到结束。广播的内容有时政热点，有工作难题，有理论探讨，有搞笑幽默……。有的时候，"大喇叭"还会抛出一些有理论深度又很有意思的问题，引发大家热烈的讨论。有了"大喇叭"，830小组的跑步活动就变成了一个研讨会，一场"焦点访谈"，一次"脱口秀"……。有时候，骆先生还会分享他刚刚读过的一本书，6公里的路程，大家还没听够呢，就跑到了终点，根本没有感觉到累。

最近我们还有一个"小创意"，分享者可以拎一只便携音箱，背上放一个大屏幕，这样不仅可以边跑边讲，还能播放PPT。

享受跑步

从开始跑步到现在,一晃已三年了,虽然中间有断续,但我基本没有停下奔跑的脚步。跑步对我来说,已经绝不仅是一种健身的方式,还是和大自然深度交融、感悟自我的过程。

每周的奥森跑,让我们从新芽吐翠到雪花飞舞,欣赏了四季变换的不同风景、不同温度、不同韵味。我也曾独自跑过苍山脚下,跑过长江之滨,跑过新英格兰的森林……,每个地方的空气都带有不同的味道,每个地方的景物都有不同的色调和色彩。

跑步的过程,也是倾听大自然的过程:风声,雨声,鸟叫声,树叶婆娑声,春花绽放、冰雪融化的"无声之声",还有我们自己砰砰的心跳声……。跑步能让人把注意力全部放在对环境的欣赏和自我的感悟上,奔跑时的深呼吸不仅能把新鲜的空气吸入体内,还能把大自然的美和能量吸入体内,让人和自然深度融为一体。

思考跑步

在体验和享受的同时,跑步也带给我很多思考。有一天,我和一位多次跑过全马的"小朋友"交流跑步的体会。她说,每次长距离的奔跑,都会有几个特别痛苦煎熬的阶段,她甚至已经摸清了这些难点、痛点出现的规律,那种时刻每次出现,几乎都会令她"怀疑人生",产生强烈的放弃的念头。"这个时候你会怎么办?"我问她。"扛过去!"她回答,"就是那一刻,只要扛过去了,后面的路程就会变得轻松。其实全马也不是啥技术活,只要不放弃,多数人都可以。"

我相信这位朋友的话不是为了鼓励我,而是她的真实感悟。但是,能扛过"那一刻"是不容易的。很多人会认为自己已经达到了极限,不可能扛过去。于是,没扛过去的人,永远也不会知道自己可能达到怎样的新境界,也永远不会知道后面的路程会变得比前面轻松。人这一辈子,往往就是在几个足以"怀疑人生"的时刻形成了差距:有的人"扛过去"了,就上升到一个新的层次继续发展;没扛过去的就只能在原有的层次开始新的循环。

跑团的很多朋友都像我一样,是被"忽悠"进来的,原来都认为自己根本不具备长跑的素质,或者"年龄大了,跑不动"。后来大家不仅轻松地跑起来,有几位甚至拿了好几块马拉松比赛的奖牌。他们都是扛过了"那一刻"的勇士。

当然,这之中,跑团给我们的帮助是巨大的。如果按现在的新名词,我们曾经都是"跑渣",但是跑团把"跑渣"变成了"跑霸"。跑团给每个人贴上的唯一标签就是"你能行";跑团从没有举行过"晋级赛""达标赛",而是鼓励每个人根据自己的能力和兴趣,选择适合的跑量和配速;跑团根据每个人的特点和需要提供指导和帮助,从不强制,也从不拒绝;跑团不强调谁跑得远,谁跑得快,而是让热爱跑步、坚持跑步的人得到关注和表扬;跑团把对每个团员的关爱落实到细节上——随时随地的提醒和矫正,夏天准备几个西瓜,冬天烧上一锅姜茶;跑团是民主的、自由的、欢快的,跑团让每个人都感到被关爱和被信任,没有压力,只有兴趣。

"没有爱就没有教育,没有兴趣就没有学习。"这是顾明远先生的一句名言。教育创新跑团就践行了这样的爱与兴趣的理念,而我们这些人身体力行地证明了它的有效性。我甚至想,能不能按照跑团的理念和方法,建一所学校,专门招收那些被当成"学渣"的学生,我相信这里面的大多数人,都能成为"学霸"。至少,他们会成为热爱学习的人。

我的五年计划已经实现过半,我想,可以把它升级为终身计划,我愿和跑团的朋友们一起跑下去,让我们的跑步故事精彩继续!

张东升,教育创新跑团副团长,中国教育学会国际教育分会秘书长,河北大学教师。

跑步的三种意涵

□ 吴艳梅

> 跑步给了我体验孤独的最好方式。在跑步中我找到了"存在"的空间和超越的方向,进入一种向着希望前行的状态。

一

选择跑步,我并不是在和年龄做斗争,而是想把自己从身体里"解放"出来。第一次跑步开始于 2015 年,那年我在做博士后,身体非常糟糕,按医生的说法,我必须暂停一切工作。我哭了,不肯接受这个事实,又害怕又不甘,也不舍得自己的工作。

就在那年秋天的一个上午,我陪女儿在北京外国语大学参加"外研社杯"辩论赛,路过操场,女儿问我:"操场上的老奶奶是在跑还是在走?"我看过去,看到了阳光浸染下向前移步的老人,她身体微微前倾、目视前方、前后摆臂(后来我知道这是跑步的正确姿势）的姿态告诉我们，她应该是在跑，且跑得很享受。那一刻，我有了想跑步的念头。第二天上午，我与女儿穿上运动鞋，出现在北外操场的跑道上。惊喜的是，又遇到前一天的那位阿姨，我问阿姨："您为什么要跑步呢？""因为喜欢跑的状态。"这是阿姨的回答。我不禁疑惑：跑的状态是怎样的？带着这个疑问，我开始了跑步之旅，也知道了那是生命中最美的状态。

从那天以后，我每天按时出现在北外操场，跟在阿姨的后面跑，由100米到200米再到300米，我用了整整1个月的时间，每一步都如负千斤，每一步都是跨越一重障碍。3个月后，我的跑道从北外操场，延伸到民大操场、紫竹院公园、海淀公园；再后来加入了教育创新跑团，跑道又延伸到北京的各个角落——故宫、天坛、奥森公园、北京国际雕塑公园、圆明园……。跑道在延伸，脚步所丈量的风景也在延伸，我的身体得到了重启，我也顺利完成了博士后的工作。7年多下来，我跑步的时间不少于5万分钟，跑程应该不少于3000公里。我慢慢懂得了阿姨喜欢的跑的状态是什么，那是生命的开放状态，是一种希望的燃起。这是我从中领悟的第一个意涵。

布洛赫在《希望的原理》一书中把希望当作一个哲学的概念，他认为人是有本质的，但人的本质是未完成性，现实性没有可能性重要，因为人是不断超越自我的，而希望就是

∨ 黄向伟 摄

超越的可能性。我们在超越自我的过程中，总有些困惑，往往会思考"存在"的问题。就如海德格尔所说，"存在"是选择成为自己的可能性，是生生不息的动力来源，人们必须以真诚与抉择为前提，在毫无遮蔽的情况下，让"存在"展现出来；唯其如此，人生才有自由可言，正如一滴水只有回归大海，才不会有干涸之苦。我习惯在跑步中思考，因为跑步给了我体验孤独的最好方式，在体验的过程中，我形成了动静交融的思考方式。可以说，在跑步中，我能更自由地选择我要成为什么样的人，以后该怎么做，或者说，在跑步中我找到了"存在"的空间和超越的方向，进入一种向着希望前行的状态。

二

疫情期间，我和跑友"云跑"互动。那段时间，朋友圈晒跑是我每天的必修课，点赞、点评似乎也成了我与跑友们互相鼓劲、分享的最佳通道。因为这些分享，我的学生们也开始和我约跑，跑步小分队也应运而生，我自告奋勇担任队长和教练，学生也一致同意。于是，就有了一队师生踏着晨露、牵着晚霞、披着星月，用脚步丈量校园。

一个人跑步是内省的过程，一群人跑步则给交流提供了空间。记得有一天清晨6点半，我和学生们在校园里开始晨跑。那会儿天空已亮，霞光在高楼间、枝丫间穿过。桃花悄然含英，素粉无芬，点点怯怯，娇嫩不堪一碰，让我们不由心生爱怜，很有默契地放慢、放轻了脚步，也都没有说话，生怕打搅了这份春之萌动的静谧。而就在那静谧的时刻，我心中升起一个疑问：到底是这所学校塑造了这群学生，还是这群学生成就了这所学校的今天？"00后"的他们，爱思考、聪明、真诚、有见解，我很想知道他们的看法。于是我打破了安静问道："你能为这个世界带来什么？"没有人立即接我的话，大概又跑了30米，一位同学说："我想要改变世界，但是能力太小了，即便尽了最大的努力，最后可能连波澜都不会泛起。太难了，既然是这样的结果，倒不如独善其身，做好自己的事！"同学们好像都挺认同这个观点，我一时想不到什么合适的话来回应，于是，就和他们讲起《海星》的故事。

故事是这样的：有位老人在日落时分沿着海滩散步，他看到远处有个小男孩，弯着腰在拾东西。当他走近小男孩的时候，发现他把小小的海星一颗一颗拾起，然后又把它们一颗一颗扔回海里。老人好奇地问："你好，你为什么要花费这么多时间精力拾这些海星呢？"小男孩说："如果在太阳出来之前不把海星放回海里，它们就会死掉。"老人说："沙滩上有成千上万的海星，你不可能把所有海星丢回海里啊！"小男孩看着手里的小海星，小心翼翼地把它扔到海里去，平静地说道："至少，我改变了它。"

我的小跑友们在我讲完这个故事后，都沉默了。我趁着他们思考的时候提了个要求，请他们结合我所教教育学原理课程的内容，思考自己如何运用所学为当下的疫情带来改变，以"服务他人就是服务自己"的态度去寻找"你能为这个世界带来什么"的答案。三天后，他们提交给我一份"疫情背景下大学生五育融合活动方案"，并报名参加了学校的志愿者服务。这是他们的答案,也是他们的态度,主题是奉献。我想,这份思考和答案,必将伴随我们的一生,在我们怀疑自己和世界时,敦促我们不断地寻找和反省,最终让我们找到事物的意义和内在价值。我想,跑步让我们进入生命最美的状态,它的意涵除了希望,还有奉献。

三

跑步带给我生命的第三重意涵,是陪伴。成年人的世界多数是独自熬过,熬久了,就积攒了不少辛酸和辛劳。而"陪伴"二字,说起来便让人唇齿间暖意盎然,它意味着在这个世界上,有人愿意把最好的东西给你,那就是时间。陪伴是一种能力,更是一种懂得,是发自心底的真诚和善良。生活中有许许多多的陪伴:亲人因血脉而连接,形成一种最坚实的陪伴,朋友间把酒言欢是一种陪伴,读书论诗是一种陪伴,一起跑步也是一种陪伴。和酒友、书友相比,跑友之间除了有宽心、遣兴,还多了大汗淋漓的畅快。跑步7年多,我与我的跑友跑过了花繁柳密,跑过了风狂雨急,跑过了春夏秋冬。芳草天涯处,烟雨守候时,我们都简单直接,如小孩般自来熟,常常放声高歌,开怀大笑。在跑团,陪伴还有了专业的内涵,每次跑前、跑中、跑后都有专业的指导,还有每晚值班团长的点名表扬和每日金句。我们的陪伴就是这样简单美好,就如诺贝尔文学奖获得者切·米沃什在《礼物》中所写:"如此幸福的一天。/雾早就散了,我在花园里劳作。/歌唱着的鸟儿正落在忍冬花上。/在这世界上我不想占有任何东西。"

作为一名老师,对学生有时治愈,常常帮助,但更多的是陪伴,我的工作就是用我的专业素养陪伴学生成长。教育家杜威认为:"道德教育的核心就建立在'学校'这个概念的基础之上","最好和最深的道德训练,正是通过在工作和思想的统一中与他人建立适当关系而获得的"。我的讲台在,我的陪伴就在,陪伴带来的力量和希望就在。我愿意用我的余生去陪伴学生,传递这个时代的力量。

跑步是一种修行,让我体验到心灵与旷野融为一体之感,流水、白云、星空、雨雪、晚风,在我眼里都与永恒交辉,予我一片崭新天地,让我进入生命中最美的状态,在希望、奉献和陪伴带来的力量中,我实现了一次又一次的自我突破,未来我仍将奔跑在路上,在奔跑中继续砥砺精进。

吴艳梅,博士,河北师范大学副教授。

陪伴的力量

□ 骆斌

> 教育创新跑团不断诠释着教育的真正意义：教育，既要培养奋力争先的拼搏精神，也要具有不让一个孩子落下的温暖情怀。

"常立志"的运动困难户

如果没有教育创新跑团，恐怕至今我都不会感受到，跑步能给我的人生带来什么。

大学毕业后，在将近三十年里几乎从没有锻炼过的我，身体一天比一天"圆"，"零件"也日感老化。疫情来了，突然感觉生命是如此脆弱，于是我产生了一种深深的危机感：不能再懒惰下去了，必须要让身体重新健康起来。

说起来容易，但真要坚持下来，却太难了。从小到大，我在运动方面都是典型的"常立志"但极度缺乏毅力的人，每次办个健身卡，没去几次就不了了之了。有一次，几位清华校友拉我去奥森公园跑步,才跑了不到1公里,我就上气不接下气,感觉要吐血。眼瞅着别人矫健的身影渐渐离我远去,我顿时像泄了气的皮球,只能灰溜溜地走到了终点。这次尝试让我对跑步产生了巨大的心理阴影,说什么都不想再跑了。

刚巧,一位清华师妹知道我的情况后,推荐我参加一个教育创新跑团。这是一群做教育的伙伴自发组织的跑团,团员们每个星期日的清晨在奥森公园一起跑步。说实在的,一听到跑团我就心里发怵:别人动不动就跑个半马、全马什么的,就我这个水平,参加跑团不是找"虐"吗?师妹看出了我的恐惧,反而更加热情邀请我参加。实在抹不开面子,我答应试一次看看。

陪伴,让我完成了人生的第一个5公里

第一次参加跑团活动,我准时来到了奥森公园南园国奥村门停车场,发现已经来了四五十位伙伴,好几位感觉和我年纪差不多。这下我的心稍微安定了下来——要都是年轻人的话,我肯定又要被"虐"了。

教育创新跑团给我的第一印象,就是组织严谨有序,体现出教育人独有的认真。每次跑步前,都有一位跑步大咖带着大家一板一眼地做20分钟热身运动,并且还有拉旗拍照留念的仪式。听师妹介绍说,带大家热身的大咖竟然是北京马

∨ 李晶 摄

拉松协会的会长,这让我又开始担心:这么专业的跑团,我能在里面坚持下来吗?

好在和一般的跑团不同,教育创新跑团根据个人的意愿,按照不同配速和长度分组跑步。我赶紧找到最慢、距离最短的组:5公里,配速8分半。即便是如此,因为有前车之鉴,我对自己能否坚持跑完还是没多少信心。

跑步开始了,分组跑的好处渐渐体现了出来:有一群伙伴在一起跑,大家能够相互鼓励,还有大咖在一旁不时指点每个人的跑姿,跑步的过程不再枯燥了。跑了1公里多之后,渐渐地我又开始感觉吃不消了,越跑越累,实在感到有些丢脸,于是我慢慢落在大家后面,准备放弃了。

没想到的是,这个时候,大名鼎鼎的北京马拉松协会会长赵福明和资深跑友张东升老师,竟然跑到我身边,一起陪着我在后面跑。这下我脸上有些挂不住了:前面还有这么多伙伴们,我怎么好意思让大咖陪着我最后垫底呢,太丢人了。

我气喘吁吁地说:"真不用陪我了,我在后面跟着就好了,你们陪着我跑,太浪费了,大家更需要你们。"赵会长笑呵呵地说道:"好的跑步,就是要让大家觉得舒服、开心。已经跑得很好的人,不用我再去陪伴,而你刚开始跑,陪着你跑,能帮你坚持下去。"说完,他边跑边耐心地指导我如何调整自己的跑步姿势和呼吸,我只好厚着脸皮坚持跑下去,慢慢地还真觉得没那么难受了。就这样,在大家的陪伴、支持下,我终于完成了人生第一次5公里跑步。

跑友们热情地约我下周一定要来,我答应了。第二周,第三周,第四周……,每到周日早上,我内心都会激烈斗争好久,但是一想到跑团伙伴们的陪伴和鼓励,我还是咬牙爬起来参加每周的跑步。在跑友们的陪伴下,渐渐地,跑步成了我生活中最重要的一部分,跑团的很多同伴也变成了好友。

跑团中的"温暖组"

一说起跑步，人们很容易联想到竞技比赛，就是要比谁跑得最快，跑得最远。但是，在教育创新跑团中，我渐渐感受到，跑步和教育的本质是一样的，它不仅仅是一种超越自我的体能挑战，也包含了充满温暖和鼓励的成长陪伴。

在跑团中，我们把配速8分半的小组亲切地称为"温暖组"。为什么叫它"温暖组"呢？因为很多朋友刚加入跑团的时候，常常是跑步小白，或者年纪相对较大，很长时间没有锻炼了。如果一开始就跑得太快，或者距离过长，身体会很不适应，反而一下子"跑伤"了，对跑步产生了恐惧感，不利于培养坚持跑步的习惯。所以，跑团一般会建议新人刚开始的时候，先在这个组试试看。不管新手跑得多慢，都会有人鼓励和陪伴他跑完全程，让他不好意思放弃，从而达到养成跑步习惯的目的。新人适应后，还可以根据自己的能力，加入更快的配速组，提升跑步技能。

在温暖组中，有活泼诙谐的张东升老师，有老成持重的朱建民校长，还有我这个喜欢"在跑步中说说笑笑"给大家开心解压的人。有一次，我没有参加跑团活动，张东升老师开玩笑说，那次他们跑步都感觉有点不对劲，少了我这个"八卦电台"，太沉闷了，腿都有点迈不开了……

我们的"温暖组"，帮助很多跑友完成了自己人生中的第一次长跑，大家都特别开心，很有成就感。在今天这个到处都在"卷"的时代，慢下来，陪伴他人成长是尤其稀缺的。

教育创新跑团不仅仅是我们健康快乐的家园，也在不断为我们这群教育人诠释着教育的真正意义：教育，既要培养奋力争先的拼搏精神，也要具有不让一个孩子落下的温暖情怀。

骆斌，毕业于清华大学，"中国娃"公益项目发起人之一。

你永远不知道自己可以跑多远

□ 吕雄伟

> 虽然一个人跑步可以享受独处的时光,跑得更快;但是与一群人一起跑步,让我感到自己拥有更多的精神能量。

坚持是一种力量。人生中第一次跑 5 公里,是在 2016 年的 10 月。那一年,在同事的鼓励和带动下,我完成了人生第一次长跑。跑一次很容易,坚持跑步则很难。2016 年我虽然完成了从 0 到 1 的跨越,但是那一年的悦跑圈记录显示,我只跑了 3 次,总计 16.38 公里。现在我也记不起来是因为什么放弃了,大概是因为动力不足吧。

真正开始坚持跑步始于 2018 年 6 月。那时我大病初愈,体重达到了 95 公斤。当时我的领导对我说:"雄伟,你这么年轻,得多运动才能有个好身体啊!"要是在生病之前,这句话我可能不会往心里去,但病过之后,我深切感受到了身体健康的重要性,这句话就深深触动了我。我决定重新开始跑步。因为在治疗期间服用了大量激素，体重基数较大，跑步对我来讲还是有很大挑战的。我从跑1公里走4公里，跑3公里走2公里，到完整地跑完5公里，用了一个月的时间。其间，我经历了跑跑停停、气喘吁吁、心率急速加快的痛苦过程，一度想放弃，但出于对健康的渴望，我最终还是坚持下来了。

5年间，我跑了4400公里，体重也从原来的95公斤降到了80公斤，身体素质得到了明显提升。现在回想起来，这5年里，我也并非每一天都充满动力，即使明白自己需要坚持，也时常会感到身心疲惫。耳边经常有两种声音响起：一边是"跑步吧，它给你自由"，一边是"歇会吧，太累了，明天再跑"。为了使自己坚持下去，我逢人就讲"我在跑步"，以他律促自律。当然除了外因，每一次完成跑步后的愉悦感也成为我坚持下去的内在动力。

这5年的坚持跑步，不仅让我感受到了运动给身体带来的巨大变化，更让我感受到坚持是一种强大的力量。不懈的努力，尽管在当时看来成效微乎其微，但是长期坚持下去，其结果会远远超出我们的预期。

我从一个人跑变成和一群人跑，是因为加入了教育创新跑团。2022年8月，我参加明远教育思想者研修项目第一次活动，茶余饭后，常常听到华蓉老师分享在专业指导下跑步的收获。当时虽然也有一些心动，想加入跑团，但是一方面觉得自己家

> 黄向伟 摄

距离奥森很远（单程 45 公里），路上往返很费时间，另一方面，我总觉得一个人跑步也很好，所以没有坚定加入跑团的想法。真正让我下定决心加入教育创新跑团的，是源自和黄向伟团长的一次偶遇。2023 年的 4 月 7 日，我第一次见到了传说中的跑团团长黄向伟和团嫂吕进。乍一见面，我还以为两位都是三十八九岁的年轻人，落座后一打听年龄，才知道团长今年已经 57 岁了，简直是惊掉了下巴。谈话中，大家自然而然地谈到了跑步和跑团，听了团长的详细介绍后，我对跑团更加充满了期待，同时也下定决心，排除万难也要加入跑团。

4 月 9 日，早晨 7:00，我第一次参加了跑团在奥森的活动。在跑团的第一次跑步，我选择了配速 630 的 10 公里组。这一次跑步，让我感到了团队的温暖。人文副团长始终陪在我身旁，他说的最多的一句话就是："感觉怎么样，能跟上吗？不舒服就慢一点，我陪着你！"团队的其他成员也始终照顾着我的感受，不断地纠正我的跑步姿势。在大家的鼓励和陪伴下，我完成了人生中第一个 12 公里。虽然我之前跑了好几年，但是从来没有超过 10 公里，这一次在团队中，我完成了自我超越。

经过团队的考核，2023 年 4 月 20 日，我从预备团员成为跑团的正式团员，也领到了属于自己的红色团服，那一刻我内心无比激动。在随后的日子里，只要不是特殊原因，每周日的"奥森之约"我从不缺席。虽然每次往返接近 100 公里，路上需要两个半小时，在奥森跑步只有1个多小时；但是，这1个多小时的跑团活动，让我学习了科学的热身、跑步、拉伸方法，收获了团队的友谊和不断前行的力量，让我每一周都充满期待。最近，在团长的鼓励、团友的带动下，我鼓起勇气报了人生的第一个半马。对于这次昌平半马，我很期待，我也坚信，在跑团团友的帮助下，我一定可以完赛。

在加入跑团的这半年时间里，我体会到了过去几年独自跑步所没有的温暖和力量。每一个奔跑的日子，轮值团长都会给每一位完成当日跑步的团员，送上或热情洋溢或充满智慧的"小作文"——不管距离长短，配速快慢；团友们也会自发地点赞、送花：就是这一个个温暖的瞬间，构成了跑团生活的日常。

亚里士多德曾说：纵使拥有世上所有的宝物，如果没有友谊，也没有人能活得下去。在跑团这个大家庭中，我们因为共同的爱好而相聚，因为互爱互助而凝聚出温暖的友谊。虽然一个人跑步可以享受独处的时光，跑得更快；但是与一群人一起跑步，让我感到自己拥有更多的精神能量，团友之间在精神上相互赋能，让我们跑得更远、更长久。

吕雄伟，北京市顺义区第十一中学校长。

4
奔跑人生,持久者强

@ 今日跑步人

用奔跑,跨过不再回首的年痕;用坚持,绵延每一粒跳动细胞的康健!奔跑者,福乐双至!

无论如何,当下都是跑步最好的时刻。错过了秋日晨光,会有天高云阔;错过了落日余晖,还会有满天星辰。

足履世间山河

□ 赵福明

> 跑向更好的自己,让划过世界的这个微弱生命绽放出光辉,照耀身边人,并为这世界留下自己的热情、柔情与深情。

笔者跑步多年。作为和读书并列的改变自己认知和人生轨迹的两大利器之一,跑步已深度融入我的生命中:强身健体、陶冶心性、修身齐家、凝聚友谊、助推事业……。时至今日,对于跑步,我尤为佛系:不争朝夕,不争短长。当然,对于跑步,我亦很专注:随时奔跑,随处奔跑。自进入跑步又跳出跑步、见自己见天地见众生之后,跑步铸我以"无可亦无不可"之心性。

跑步多年,我参加了诸多赛事,北有以美食著称的哈尔滨马拉松,南有以鹭岛美景闻名的厦门马拉松,中有西湖侧畔的杭州马拉松,更有号称国马的北京马拉松……。如今于我而言,马拉松也好,越野赛也罢,只是自己人生旅途中的一段有趣经历；城市的风土、异乡的方言，那些鲜活的生命状态，那些体验起来莫可名状的特殊习俗，才是我跑马拉松与越野赛的最大乐趣。与取得成绩相比，我更想感受人间烟火，足履世间山河。

　　基于此，对于退赛和弃赛，我毫无心理负担，因为比赛的终点只是暂时的终点，我真正的终点是"家"。身体安全是比赛过程中需要注意的第一要务。心率太高，身体不适，头晕脑热，胸闷气短，关节不适……，都是我退赛的理由。一场比赛的成绩对我而言，毫无意义，当掌控了心之所向，所行皆坦途，所选皆无碍。

　　通过比赛证明自己坚强顽强？"不要怂，就是干，干就完了"？这些绝非我选择的方向。一路跑过风景，也曾跑成风景，于奔跑中改变，在改变中蜕变，从蜕变中获得新生。作为一位从奔跑中收获良多的人，我想分享一些心得。

第一，跑步不等于跑马拉松。

　　国内越来越多的人喜欢上马拉松这项运动，但据国际田联发布的《2019全球路跑发展状况报告》所公布的数据，我们可以清晰地看出路跑人群的各项目比例。2018年全球有790万路跑参与者，但跑马人群仅占110万，其他的680万分散在5公里、10公里、半程马拉松项目里。所以跑步并不等于跑马拉松，马拉松更不是跑步的终极目标。马拉松属于极限运动，这一属性就决定了它终究是一个小众运动。在2018年中国田协的注册赛事中，经过查重后的全程马拉松参赛人数仅有36万，这已经是在2015、2016、2017年的陡增基础上再陡增的数据了。而国际田联从横跨209个国家和地区、时间贯穿1986年到2018年的超过7万场路跑赛事的1.079亿份比赛成绩中，得出了什么结论呢？全球路跑赛事的参与人数在2016年达到了910万人次的顶峰，2018年的790万人次比2016年减少了13%（我估计中国的绝大部分路跑赛事并没有接入，国内目前属于国际田联赛事体系的赛事极少）。可见，跑步是跑步，跑马拉松是跑马拉松，马拉松仅是跑步项目中的一个小项目而已。当然，跑马拉松并不值得炫耀，也没必要炫耀。

　　同时，跑马拉松的人无论是追求速度还是追求互动，都应该被尊重。马拉松比赛是一场跑者的狂欢，而城市马拉松赛也是城市对内对外的一种宣传推广——展示城市的万种风情、日新月异，是城市递给外界的一张名片。在这个特定的时间、特定的路段、特定的项目上，马拉松赛的选手们各有诉求，目的各不相同：有的追求超越自己、跑得更快，有的陪伴友人、同进同退，有的借助跑马的名义来旅行——赏景品佳肴、探访老友，也有的在赛场上展示自己的单位、学校、

> 佚名 摄

团队……。唯一相同的是他们都借助赛事来达到自己的目的。你之蜜糖，我之砒霜，我们理应尊重他人的选择。

值得指出的是，大众跑者极难成为专业选手。"误"入跑途成为跑步爱好者之后，忽然发现自己有跑步天赋或者可以成为职业运动员，一般而言，属于个人想多了。业余爱好者几乎没有成为专业运动员的可能性，梦想伟岸，现实骨感，跑步仅是自己生活的调剂品和打开更好生活的钥匙。虽然我们不乏激情，抑或是满怀憧憬，但跑步这事儿和其他一些顿悟后即可成为高手的项目不同的是，即便我们有天赋，也不能够在缺乏天时地利，仅保有人和的状态下鲤鱼跃龙门，从爱好者小白直接登顶，成为专业运动员。或者更残忍地讲，即便你有天赋，也已经被年龄埋没了。而业余爱好者呢？突破一级运动员也好，突破健将级运动员也罢，终究并不能让我们拥有和职业运动员抗衡的能力。

第二，个人能力无需用跑步成绩来体现。

成绩并不能给我们带来长久的收益，那只是一种短暂的精神食粮。如果只能从马拉松的成绩突破上获得快乐，这样的状态是不健康的，在这种状态下，很可能我们并没有因为跑步变得更好，反而会陷入虚无的自我慰藉中。我见过一些这样的例子，他们认为他们的梦想我不懂，他们的勇猛我不懂，对此我能说什么呢？毕竟当初的我，曾有过几个月这样盲目的时光。反倒是我一直参与做公益服务的教育创新跑团，一直以改变、健康、成长为主要目标，赞美成长、赞扬成就，但是不痴迷、不疯狂、不极端，一群教育行业的跑步爱好者们，通过跑步年复一年地磨炼自己、壮大团体。有时候，我也会思索这个团体的独特性究竟在哪里，终究没有标准答案。也许教育创新跑团的跑者相对于其他行业的跑者而言，更容易以点带面，由表及里，透过跑步的过程看本质，更容易跳出跑步本身而实现跑步对生命的加持吧。

第三，珍视劝你跑步的人。

这是个挺有意思的话题，偶尔朋友会调侃我在宣传"跑步教"。那么，为什么你们那些跑步的、跑马拉松的朋友会经常建议你们去跑步呢？我们会发现，教育创新跑团的跑者"上线"已经出现了五六代之巨，也就是说，人传人、人拉人的状态已经向"徒子徒孙"的趋势发展，为什么他们这么痴迷于呼朋唤友一起，甚至为了力邀朋友加入不惜上些"非常手段"呢？其实，他们只是期望把自己正在享受的更好生活状态与别人分享，因为他们是过来人，知道他们运动前的精神状态与身体状况，他们希望自己的朋友可以早一些进入这个多彩的世界，享受到他们正在享受的乐趣。所以他们不厌其烦地建议，分分钟变身为推销员，但他们推销给你的是你自己的健康，他们不是疯子，他们只是推己及人。

当然，跑步不是万能良药，更不能包治百病。痴迷于此或是避之如洪水猛兽都过于极端。只是相对而言，跑步比不运动更有助于膝盖的养护，"跑步伤膝盖"只是以偏概全，打个比方：我们吃饭的时候偶尔会噎到，那我们就因噎废食了吗？2017年美国相关科研数据表明，只有3.5%的健身跑步者有膝盖或髋部关节炎，远远低于久坐或不跑步人群的

10.2%，参加竞技跑步的人的关节炎的发生率也才 13.3%。数据会说话。长跑这项有氧耐力运动，基于它对场地、装备的要求都相对低一些，也恰恰是更容易让大众运动起来的项目。如果大众通过跑步获得运动的乐趣之后，选择马拉松来磨炼自己的意志品质、形成健康生活规律等，这也没什么不好的，只要控制好风险就可以了。

同时，作为成年人，我们也要为自己的选择负责。跑步、跑马拉松这个事情，对于玩命追求成绩的人，对于不按科学方法跑步的人，对于因跑步而影响到了家庭、工作、生活的人，业内并没有太好的办法，尤其是在这些人已经具备一定的能力后，科普与宣讲变得更为艰难。激昂澎湃的话语或是目标更容易让一个深陷其中的人进一步投入，小桥流水式的温雅劝导在这时候已经会被人鄙弃了。你有了自己的选择，抽时间深入思考一下，投入产出是否划算，这个目标与方向对自己、对家庭究竟有没有相应的长久价值。对我们长久的人生历程而言，用不断突破的马拉松成绩来为自己点亮生活的道路这个事儿，并不划算，投入些时间去带动家人、朋友、同事一起运动，将比这个更有意义。

第四，最美风景在路上。

跑起来，慢慢行，最美风景在途中，春花秋月各有秀色，夏雨冬雪仍显柔情。跑起来就好，不用在意跑的是几百几千米，重在一个永不停歇的前行。高矮胖瘦是你，坚强柔弱也是你；对世界的态度，决定了选择。如教育创新跑团那样，简单，纯粹，心无遮蔽亦无顾忌——说笑嬉闹，不拘身份；鼓励加油，亦不拘身份。抹平社会身份之后，只见奔跑路上同行者，无需考量利权情。人从复杂跑向简单，从简单跑向信任与认同，共鸣之后，或有更多携手应对世间风雨的情缘，但不纠结、不执着，不强求亦不排斥，坦荡荡胸无块垒，我们不是热爱跑步，我们只是热爱生活。能携手奔跑的人，是追梦路上遇到的最好同伴。

人生路，漫长又短暂，百余载弹指一挥间，千般念终归于孤寂。纵然最终难免身死道消，我们仍当持续精进，跑向更好的自己，让划过世界的这个微弱生命绽放出光辉，照耀身边人，并为这世界留下自己的热情、柔情与深情，与万万亿灵魂一道汇于历史的长河，滔滔不绝，奔流向前。

赵福明，北京马拉松协会会长，北京华兴众泰体育科技有限责任公司总经理，世界田径二级教练，教育创新跑团公益教练。

跑步帮我获得新生

□ 刘宇

> 我喜欢风在耳边掠过，我喜欢景在眼前飞过，我喜欢路在脚下延伸。每一步距离，都用脚掌丈量；每一条路线，都用奔跑画出……

分界点·偶遇跑步

与其说是我选择了跑步这项运动，不如说是跑步这项运动选择了我。

四十岁，是我人生的一个分界点。

在四十岁之前，我成功过，也失败过。常言道"四十不惑"，而对于年届四十的我来说，真的"惑"了。这时的我，面对人生的起起伏伏，又陷入迷茫。

2003年大学毕业，我来到北京，进入京城知名酒店任总裁秘书，2013年任总经理。2017年由我操盘，促成了一个房地产企业"天价"收购了我们酒店，这成为房地产业内备受瞩目的成功案例。

这时的我，风光无两，意气风发，带着分到的钱离职，开始了我的创业生涯。我做食材供应链，搞连锁餐饮，开茶室，投资汽修、广告……，忙得不亦乐乎。由于错误的决策、错误的方法，很快这笔钱大部分都交了学费。"前几年靠运气赚的钱，后来凭本事都赔光了"，貌似说的就是我。

2020年，在朋友的邀约下，在各种机缘巧合下，我进入百家云，下定决心从头再来。但是，从服务行业进入互联网行业，这是一个全新的跨越，"新"到让我一时难以接受，业绩压力大不说，其节奏之快和管理之开放也让我一时难以适应。

过去我所在的行业，遵循的都是标准化流程和系统化管理，几乎亘古不变，而且有较为严苛的上下级观念。到了互联网公司，每天都有新变化、新挑战；企业文化更讲究人与人之间的平等合作关系，工作空间也更加开放。这些都让我一度很不适应，心情难免受到影响。

海嘉学校理事长王伟博士知道了我的状况，介绍我加入教育创新跑团。他说，每天跑步就能有效缓解工作和精神上的压力。这样，我开始了人生下半程的跑步生涯。

临界点·盲目自信的代价

我第一次参加跑团活动的经历,真是一段刻骨铭心的记忆。

细心的跑友知道我刚刚加入,便建议我先跑 5 公里,熟悉熟悉。初来乍到,我当然要听从建议。可是跑着跑着,有人开始超过我们。我问跑友,他们为什么跑那么快?跑友说他们是跑 10 公里的,所以速度快些。

不甘人后的我,这时来了劲头。

"那我能不能换到 10 公里的组别去?"

"当然可以啦,你这么年轻,肯定比我们速度快!"

"我们 5 公里这组都是中老年。小伙子,你应该参加 10 公里这一组!"

跑友们的一句句鼓励,让我坚定了信心。我加速追了上去。

刚开始,步履轻松,加速自如,可是跑着跑着,我就没了力气。要知道,此前的我,虽然热爱运动,也不过是两周踢一次足球而已,而且近些年也很少踢了。

当跑完 5 公里时,我就不行了。在这个临界点,我已经明白,长跑是一件循序渐进的事,但为了面子,我仍咬着牙跟大家跑完了接下来的 5 公里。

我跑得两眼发黑、呼吸困难,双腿也绵软无力,为了坚持下来,我拼命摆臂……

⌄ 佚名 摄

这是我人生的第一个 10 公里,也是我人生中最漫长的 10 公里。

一时的逞能冲动,让我在接下来的三个月都无法再跑动一步,走路也是一瘸一拐的,起立或者坐下这样正常的姿势转换,都要花费很大力气。

转折点·认清自己再出发

在医生的帮助下,三个月之后,我又开始恢复跑步训练。三个月的时间,我也慢慢悟出,创业失败跟这 10 公里有很多相似之处。自己虽然敢想敢干，却因为能力不足，没有掌握事物的发展规律，急于求成，造成巨大损失。

现在看来，做任何事，首先要认清自己，不能做过高的估计，但凡觉得自己不行的时候，如果及时停下来，其实可以稳妥止损。其次，对于自己的身体变化和周围的环境变化，要有敏锐的觉察。对比从前，40岁的我，身体机能是不断衰减的，这时候要对锻炼的风险有充分的预判。

我在跑完第一个5公里觉得体力不支时，仍逞能咬牙坚持跑完第二个5公里，对自己的身体造成了极大的伤害。

医生告诫我，这样为了面子而跑，有可能导致肌溶解症，严重的话甚至可能危及生命，发生猝死。

我是幸运的，当我再次站上跑道，这里已经成为我跑步生涯的转折点。

正视自己的能力，聆听身体的声音，老老实实从5公里起步，逐渐到6公里、7公里……

工作中，我也开始凭实力逐渐积累经验，拓宽人脉……

就这样脚踏实地，循序渐进，稳步向前。

兴奋点·我会一直跑下去

如果说我跑步的初衷是为了舒缓情绪，或者说是想拓展圈子，那么现在，我已经完全爱上了跑步。

现在的我，提起跑步就兴奋，抬腿就可以跑一个半马，也就是大约 21 公里的距离。

一周不跑两次 10 公里以上，我就会浑身不舒服，即便出差我都要在空间有限的行囊中放上跑鞋，找机会就要跑跑。

跑步帮我获得新生。有了不快或压抑的事情，通过跑步就能完全缓解，得到一个彻底的释放，随后心情就会明朗起来。

跑步帮我甩掉烦恼。每当有想不明白的问题，通过 10 公里、20 公里的一个放空，我就能想明白这件事情。而坐在办公室、躺在床上或者坐在咖啡厅去想，就会越想越烦躁，很难找出完善的解决方案。

跑步帮我不断确定新的目标。目标达成时，我就会有一种独特的喜悦。在跑步的过程当中，我的大脑是放空的，有多少烦心事，随着奔跑，也都烟消云散了。

跑步还帮我理解和包容他人。我们跑团 100 多人，不同的距离、不同的配速，无所谓快慢，也无所谓优劣，只要适合自己，都是有益的。现在的我，不再以"善"为出发点去强求别人。我越来越懂得，每个人都应该选择与自己相适应的方向。在不同的人生阶段，不同的人就是要选择自己适合的位置，把本职工作干好，这样的人生可能就会少一些烦恼。

我喜欢看跑团微信群，团长和副团长每天都会发励志短语，"超越自我""笑看人生""勇往直前"……。每当看到这些话,我的身体里都仿佛又被注入了新的能量。

"初心易得,始终难守",愿我和我的跑友们都能够坚持做自己,坚定跑完人生的每一段旅程。

刘宇,百家云副总裁,第七届"昌平区十大优秀青年"。

为爱狂奔

□ 魏振水

> 从充满期待、蓄势待发的起点,到奋进与疲劳交织的中途,再到虽然力竭但却充满希望的终点线,每个人都要付出努力、汗水和辛劳。

2023年5月14日,一个特别值得记住的日子!我在北京完成了59年来第一个正式的半马,以差两分钟就跑进两小时的成绩完成2023后沙峪国际人才社区半程马拉松赛。我把沉甸甸的半马完赛纪念牌献给了我夫人,作为母亲节和生日的礼物!

说起来,非比赛半马我已经跑了四五个,既有北京中轴线"申遗"半马,也有皇城根胡同半马,还有广州湿地自由行半马。但这些都属于朋友们组织的边跑步边游览性质的半马,大家一起跑步,游览名胜,体验优秀传统文化,感受自然和人文景观,品味历史的沧桑、文化的传承、人间的美好。

这次完成正式的比赛半马,可谓是我跑步路上的一块个人里程碑。

回想起来,我是 2020 年 6 月 21 日,在新冠肆虐的日子里开始跑步的。

说起来有趣,2020 年 6 月,我到自己工作的希沃的总部所在地广州出差,没想到因为新冠疫情管控,我和一个同行的北京伙伴在广州一个多月不能回京。希沃年轻人多,活力四射,有自己庞大的跑团。于是,那位伙伴动员我:魏老师,疫情期间哪里都去不成,广州科学城地广人稀,环境优美,红花绿树,绿道平直,加入跑团跑步吧;跑得好,还能有红包到账!他还介绍了跑团的两种模式——健走模式、跑步模式,以及抢红包的规则和不能完成每周跑步量的罚款规则。当时我想,新冠管控不能回京,心情郁闷,运动能够减轻郁闷,说不定还能抢个红包。于是就正式上交了 200 元的入团费用,加入了希沃跑团。

6 月 21 日,星期日,也是那年的父亲节,我正式开始了一个人的跑步。那一年,我 56 岁,成为希沃跑团年龄最大的成员。

刚开始跑步,还是跑了一点弯路的。

当时我体重很大,平时也从不跑步。因为疫情影响,希沃跑团成员也无法集中一起跑,所以全靠个人苦撑苦熬。我跑前不懂得做准备活动，跑中跑姿不对、步频不对、步幅不对、配速也不对，跑完也不懂得拉伸；因此常常是3公里都无法坚持——腿酸，脚踝疼，屁股疼，气喘吁吁。我一度想过放弃，但因为希沃跑团有规定，加入跑团后如果无特殊理由放弃，要上缴1000元退团费。我想，钱倒不重要，但名声上过不去，不能因为放弃毁了形象，于是咬牙坚持跑。

一旦确定了要做一件事情，就必须做好。之后，我通过向伙伴请教、搜集跑步视频等，开始慢慢学习跑步知识，琢磨跑步技巧，探究科学跑步方式，逐渐摸索出一些跑步的门道。疫情稍缓，我到各地出差时，也要约上希沃伙伴跑个步，既增加了解，也学习些跑步知识和技巧。经过6个多月的悉心琢磨和锻炼，我终于可以实现"5公里跑自由"了。这时，时间已经进入2021年，我57岁。

正如跑者们所说，跑步让多巴胺加速分泌，是可以上瘾的！

自从实现了5公里跑自由，我的跑步热情就一发不可收。每次出差必带的是跑鞋和运动装。为了坚持跑步，我不出差期间晚上跑，出差期间早上跑。两年多来，从海南岛到哈尔滨的太阳岛，从山东荣成最美海岸线到青海西宁青藏高原，我在鸟语花香的春天里跑，在雪花飘飘的严冬里跑，从飘飘洒洒的雨中跑过，从吹起漫天黄叶的风中跑过。即使在肩部手术恢复期间，在奥森南园5公里的跑道上，也有一个右臂戴着枕型支具快步健走的身影，那就是2021年的我。

春夏秋冬，酷暑严寒，我跑步的足迹印在祖国东南西北的大地上。

独行疾，众行远。我真正享受到跑步的乐趣还是加入教育创新跑团之后。

2021年7月，我在夫人的引荐下加入了教育创新跑团。在希沃跑团时，由于互联网企业的工作性质，跑团成员大部分都是在各地独立跑，跑完打卡，很少有集中成团跑步的机会，大家都是云上跑友。加入教育创新跑团后，我真正感觉找到了组织。

认真严肃的黄向伟团长，潇洒轻灵的技术总指导赵福明会长，貌如观音的杨丹主任，敦厚踏实的小川秘书，当然还有善于动员的华蓉"政委"，才华横溢的东升副团长，以及其他教育、卫生、科技界志同道合的跑友们，都让人亲切，教人昂扬。认真科学的跑前准备，细致入微的跑中指导，严谨系统的跑后拉伸，让人感受到科学跑、人文跑、健康跑、友谊跑的氛围和魅力。我期待每周一次的奥森集中跑，期待红色团服展示在眼前的兴奋，期待看到团长每次跑后发布的精剪视频里自己的身影。我喜欢12公里跑道上沙沙疾进的脚步声，喜欢边跑边聊的轻松话语声，喜欢紫红色跑道边喜鹊追逐的喳喳声，喜欢其他队伍跑过时高亢的加油声。

∨ 黄向伟 摄

  我的心情变好了，跑姿变美了，跑量变大了，心率变匀了，体重变轻了。跑团人数越来越多，话题越来越多，聚会越来越多，朋友越来越多。健康，快乐，友谊，我的收获越来越多，我感觉到年轻了。2022年，我以1481公里的年度跑步距离、全年205天的跑步记录成为希沃跑团跑得最多的人。虽然这个数据在教育创新跑团并不稀奇。

  2023年5月14日，当我在夫人的生日聚会上展示我的第一块半马完赛奖牌时，夫人满眼欣喜地"责备"我：跑得那么快，你要飞啊！

  我笑了！

  我在想，人生不就是每个人自己的马拉松吗？从充满期待、蓄势待发的起点,到奋进与疲劳交织的中途,再到虽然力竭但却充满希望的终点线,每个人都要付出努力、汗水和辛劳。中途有加油声,有补给站,也有跟跄甚至摔倒,但不管怎样,最终都是要自己跑下去。跑过期待,跑过加油,跑过掌声,跑过终点——不管成绩如何,它都属于你自己。

人的体质有强弱,能力有高低。但只要心中有热爱,跑起来,努力跑,别停步,终点终将会属于每个努力奔跑的我们!

加油!

魏振水,广州视睿电子科技有限公司(希沃)副总裁,广东省杏坛智慧教育创新研究院院长。在教育数字化道路上的狂奔者。

耳顺之年爱上跑步

□ 陈秀珍

> 如果有人问我:在即将进入耳顺之年时,做得最正确的一件事是什么?我的答案很简单,那就是我将跑步变成了自己生活的常态。

时间匆匆,不经意间独自奔跑、与团友并肩奔跑,已有近两年半的时光。对于平时工作异常忙碌又年近六十的我来讲,没有想到能够跑这么久、这么长、这么快,我非常满意自己的状态。回顾和品味过去的日子,有纠结,有困难,有收获,但一切都是那么美好!

迟来的跑步

在我的身边不乏跑者,尤其看到年龄略大一些的跑者,内心很是羡慕和敬佩。羡慕别人多年,一晃到了自己将进入耳顺之时,仍未迈开奔跑的脚步。

影响我跑步的第一人是我的爱人，他在2019年底疫情前开始跑步，我支持他也羡慕他，但仅此而已。2020年10月18日，他参加了内蒙古额济纳旗穿越胡杨林马拉松半马比赛，因为是他的首马，我积极地以啦啦队员的身份一同前往。美丽的胡杨林让人震撼，而浩大的马拉松队伍更让我震惊，这是我第一次关注、亲临马拉松现场。参赛人员不论性别、不分老少，人流涌动，个个身形矫健，每个人的脸上绽放着笑容，那种阳光、自信让我感动，有一种想冲入队伍和他们一起跑的冲动。于是我在队伍的最后，以摆拍的形式录了一段跑步小视频以了心愿，但尝试跑步的念头已然萌生。

2020年10月26日，学校冬季长跑节拉开帷幕，启动会上跑步爱好者张老师的发言深深触动了我。会后第一时间，我找张老师要来了发言稿的电子版，连看三遍，心潮澎湃，并把这篇文稿发到我的朋友圈中，第二天我即开始准备装备。10月31号，一个阳光明媚的周六，在做了一个简单而不很专业的准备后，我完成了首跑：3公里，配速7分23秒。首跑的数据虽然不好，但让我对跑步有了自信，至此我与跑步结缘，开启了我生活的新面貌。

最正确的选择

每当我和同事、朋友说到我在跑步时，听到的第一句话

∨ 黄向伟 摄

是"注意膝盖,跑步伤膝盖",果真如此吗?我自己的体验不全是,有伤膝盖的可能,但如果科学跑步,是能避免此类现象发生的。跑步对身体健康的好处,有些可以描述,有些只能体验,正如我的一位跑友所言,"谁跑谁知道"。

我对这句话深有体会。我最初跑步的时候,由于没有跑步基础,且多年没有运动,首跑非常艰难地跑了3公里,配速近8分,但我坚持跑,争取每次增加100米、200米。跑步之初的两个月感觉很辛苦,心理纠结、思想斗争,跑前都要给自己做心理建设。两个月后惰性越来越小，跑步逐渐成了习惯，基本做到了每周跑步三次，且配速逐渐提高，距离逐渐延长。一年后我已经能够每次8公里起步，跑到第二年，10公里起步，配速6分20秒左右，其间跑了三个半马，非常满意自己的进步和跑步能力。比较两年前后的身体状况，我感觉到身体越来越健康，精神状态越来越好，体态更加优美，岁月的留痕似乎停滞了。

具体来说，跑步给我带来的身心改变突出表现在四个方面：一是跑步锻炼了我的心肺功能。在跑步之前，我曾经出过心脏问题；想锻炼自己的心肺功能，尤其是心血管系统，是我跑步的初衷之一。跑步两年半下来，今天的我步梯上五层楼，没有气喘现象；大会上抑扬顿挫、激情四射地讲话一小时，毫不费力，底气十足。此外，我也再没有感觉到任何心血管方面的不适。二是跑步解决了困扰我多年的消化系统问题。我过去一直有便秘的现象，问题不大，但困扰很深，而跑步让我的消化系统变得健康起来。三是跑步让我告别了臃肿身材，坚持两年多的跑步，我虽体重没有大变化，但肌肉变得强健紧致，体态变得轻盈，行动更加敏捷，面色更加红润，身心更加健康。四是跑步调节了我的情绪，缓解了工作的压力，激发了思维的活跃度，让我面对困难更加坚强淡定。作为一名集团校的管理者，我的工作节奏快、压力大、问题多，而跑步，在挥洒汗水的同时，缓解了我所有的工作压力，消除了疲劳，增强了自信，改善了睡眠，很多棘手的问题在独立奔跑、与心对话的过程中都有了解决的方案。

除了上述有形可见的感受外，我的身体和心理还有许多隐性的不可量化的改变。比如我的精神状态看上去远比我的实际年龄小，面对困难工作的意志力增强了，能以更宽阔的心胸包容更多人与事了，等等。这都是跑步带给我的蜕变和感悟。

当然，随着跑步距离的增加和配速的提高，我也产生了一些伤痛。伤痛的原因，我认为主要是三个：一是跑前的热身和跑后的拉伸动作不到位、姿势不正确；二是跑步的姿势不正确、不科学；三是没有结合自己身体的实际情况，盲目地、急于求成地提速。对于跑者来说，出现伤痛是正常的；而每次科学地修复伤痛的过程，既能提高身体机能，又能精进知识，认识自身，让自己的跑步更科学，跑龄更长。

如果有人问我：在即将进入耳顺之年时，做得最正确的一件事是什么？我的答案很简单，那就是我将跑步变成了自己生活的常态。

跑团之美

每个周日的清晨，在北京奥林匹克森林公园的跑道上，有几支配速不同的红衣团队，全年不断，风雨无阻，这就是教育创新跑团。

跑团中的跑者都是教育界的专家学者等。每个周日，团友们集聚到奥林匹克森林公园，大家见面时热情问候，跑步时交流技术、探讨业务，跑步结束一杯热茶、一碗热元宵送到手中，每日在群中打卡时还会收获相互点赞、鼓励，每晚睡前有跑团团长们的评价与激励……

跑团是一个温馨的家，家庭成员间除了在跑步方面的相互鼓励支持外，还有教育理念的交流、教育技术平台的搭建、教育实践经验的分享。2022年4月21日是教育改革的重要时间节点，这一天教育部颁布了国家新课标。第一时间学习新课标是学校的重要任务，而能找到参与课标制定的专家做培训则可直接提升学习与落实的实效。这个对其他学校管理者来说很难的问题，在我则不是问题，因为我们跑团有新课标制定组的专家，我学校的老师也成为我们跑团教育资源的第一受益人。教育资源的分享、教育过程的合作已是跑团在跑步之外的常态。

教育创新跑团是一个温暖、和谐、专业、有品位、有高度的自治团体，团友间的信任是这个团队的灵魂，跑团团委会则是凝聚力的来源，一群教育人，一同奔跑，一起谋划育人事业，一同热爱生活、影响他人。用什么来形容我的跑团？

暂时没有找到更合适贴切的词语,那就用一个广义的"美"字来形容吧——教育创新跑团,美人之美,美美与共。

祝福我的团友健康快乐!祝福我们跑团蒸蒸日上!

陈秀珍,正高级教师,特级教师,特级校长。从教40年。耳顺之年爱上跑步,奔赴健康生活。

成为自己的导航者

□ 张岩

> 乐观勇敢地"跑起来",冲出自己的舒适圈,挑战新目标,拥抱不可能。

提起跑步,别说热爱,那真的是2019年前的我望尘莫及的一项运动,可谓谈跑色变、敬而远之。但是,到了2023年9月,我却能够完成自己的第一个月度50公里,最好成绩是单次6公里、平均配速7分16秒。对我来说真称得上神奇!回望我的跑步历程,我觉得自己幸运地遇到了一个陪我启动的好伙伴,一个拉我进跑团的导师队,一个会聚大咖、时刻续航的跑团。在这些机遇的影响下,我这个"跑步白丁"才有机会重新认识自己、自我突破,从跑起来到跑美了、跑醉了,跑到忘记自己,越跑越好了。

陪我"跑起来"的好伙伴是武宁,当时我俩都在首师大顺义附小任教,我管德育,她管教学。我俩配合默契,同心同向,每天穿梭在校园的各个角落,带着七十几个伙伴,跟着任志梅校长去创建一所学生喜欢、家长信任、社会满意的高品质学校，繁杂琐碎的工作与追求梦想的笃定在不到20亩的校园里交相辉映。

我俩常常在星光闪耀的时候相伴回家，那时我们都住在离学校很近的地方，出校门300步，一肚子的话还没说完就到家了。终于在某天下班后，我和她聊得意犹未尽，于是半开玩笑半"挑衅"地冲她的背影喊了一句："大武宁，跑步去啊？"因为这句不知天高地厚的话，我不得不跑了起来，从500米到5公里，我用了近两个月。武宁一直陪着我，鼓励我"别停别停"。至今我还记得第一次完成5公里时，我坐在沙发上，身体里的细胞似乎还在奔跑，我感觉自己有点爱上跑步了。我被调到高丽营二小工作前，我和武宁都一直互相陪伴，在200米的操场上一圈圈地转着、聊着。调岗通知下来后，2019年5月29日，我俩在首师大顺义附小的操场上跑了个"5·20"，用5.20公里这个有意义的数据来纪念我们的新出发。现在想想，用跑步成绩来表达情谊是一件多么美好的事儿啊！

万事开头难，但有了朋友的陪伴，我的跑步起点却是幸福的。有了好的开始，养成了跑步的习惯，之后的三年多时间里，我虽然基本是孤独的"散养跑"，但也坚持下来了；只是速度不快不慢的，也没什么章法，跑前跑后的拉伸也没有定数，跑量也很"惨淡"——2019年53.67公里、2020年82.65公里、2021年21.78公里、2022年81.72公里。不过到了2023年，仅9个月的时间我就已经跑了196.79公里，跟自己比，算是实现了小小的飞跃，而这个飞跃是从"一个拉我进跑团的导师队"开始的。

2022年8月，我非常幸运地参加了明远教育思想者研修项目，遇到了早闻其名的郭华教授、滕珺教授、石中英教授和刘华蓉编审——这绝对是教育创新跑团的一支铁杆小分队。

在为期四天的思想碰撞、交流研讨中，导师们常常以跑步的经历做类比，阐释对教育和生命的理解；茶余饭后、漫步校园时，大家也对跑步所悟侃侃而谈、说理论道。我真是没想到，这些著名的大专家也跑步！这可颠覆了我对大学教授的刻板印象。在华蓉老师的鼓励和邀请下，我心中不由燃起"在跑步上再上个台阶"的念头，于是我和顺义的几个小伙伴果断决定"跑进团"！我们按照团规的要求，连续三次完成奥森南园的集中跑，顺利加入了教育创新跑团。从此，我开启了一场从感性到理性的新跑程。

在奥森的三次入团达标跑和接下来的跑团生活中，我真切地感受到了如家人般的贴心帮助、陪伴、关注与鼓励，收获了更加专业的跑步指导。华蓉老师"一、一、一二一"的口令让我独自跑步时也能找到节奏感；吕姐"还行吗？可以

∨ 佚名 摄

吧？"的询问就像充电宝一样给我的坚持充电；黄团长的"捡漏"服务让掉队的我有了追赶的勇气；微信群内跑友们每日不分昼夜的"滴滴"打卡声，成为唤醒我穿上跑鞋的驱动力，让我从未感到孤单；小川老师跑前跑后组织大家热身拉伸，专业周到的服务让我倍感温暖；郭华教授、滕珺教授走到哪里就把跑鞋带到哪里，把迎接挑战、勇敢攀登的激情与对生活的热爱用身体力行的方式传递给我们，让我意识到心有目标、笃定前行的重要；东升副团长的点评鼓励、文化分享更是为我们展现了教育创新跑团的独特魅力，铿锵有力的"团结就是力量"歌声响彻耳畔……

回顾这几年的跑步之旅，我的真切感受是：一个人跑是与自己对话，能够提升认知，磨炼意志，重建心智模式，让自己成为自己的导航者；在教育创新跑团里跑则是与生活并轨、与思想交汇，能够升级思维方式、改变生活日常，让自己看见自己的潜能。教育创新跑团对于我来说，就是一个无比强大的能量场：她以强大的力量赋能每一个跑者，让我们抛开烦恼、快乐出发、勇敢奔跑、享受拼搏、奔向新征程；她以深邃的思想和博爱的情怀，吸引、鼓励着每一个在困境中彷徨的人，让我们用最简单、直接的方式来改变、解决、突破、超越——跑起来你就会知道，跑了就好，越跑越好！

在加入跑团的这一年，我从春跑到了夏，跑到了秋，已经跑过了三伏天的闷热,还未体验过三九天的冰霜;跑过了细雨绵绵的湿滑,还未穿越过崎岖小路的荆棘。而我对未来的旅程充满期待与信心,我将和团友们一起,去欣赏四季如画的风景、倾听身心与自然的对话、收集奔跑路上的每一个小收获,感受跑步带来的畅快愉悦。

我想,无论是跑步,还是当老师、办学校,或是面对充满挑战、困难重重的人生,我都应该乐观勇敢地"跑起来",冲出自己的舒适圈,挑战新目标,拥抱不可能;更应该带着身边的师生、家长、亲友一起跑起来,享受在一起的同频共振、奋力攀登。我愿尽自己的努力,去创造一个"各尽所能,生长热爱"的平台,帮助身边的每个人都跑向自己的目标,重塑更美好的自己,也盼望大家如一粒粒传播爱与希望的种子,去影响、带动、创造更多光彩夺目的"奔跑人生"。

张岩,北京市顺义区高丽营第二小学党支部书记、校长。

跑步让人永葆年轻

□ 张爱志

> 跑着跑着,我终于想清楚了我最希望干什么。

我是从初中开始跑步的,一直到大学;尤其大学时对未来比较迷茫,也看不到自己选的环境工程专业的前景,所以苦闷时就去跑几圈,或者叫同学去踢场球。这过程也没思考出人生方向,但释放了压力,凝聚了心力,所以内向忧郁的我,人缘还不错,成绩尚可,身体消瘦但很结实。

读研时我在宿舍开始创办"跨考教育",人生方向逐渐清晰,开始把创业致富作为梦想,内心变得坚定而纯粹。但当时能力欠佳,没钱、没人、没经验,经常久思不得解,偶尔还偷偷流个泪。这时候没人陪我踢球了,我就一个人去跑步,伴着孤独,十年间从北航跑到海淀黄庄,再到中关村互联网教育创新中心,后来到深圳中小板。很多时候我都想放弃了,发誓绝不再创业了,然后第二天硬着头皮继续干继续跑。而跑着跑着，抑郁症好了，纠结没了，身体依然消瘦但很结实。

创业十周年时，我的公司实现了A股并购上市，人称"上岸"。31岁的我"飘"了，不再把致富当梦想，开始把成名的虚荣心当目标了。尤其是创办桃李资本之后，身边围绕着众多年轻创业者，我陷入整天这投那投、花天酒地的生活中。酒醒之后莫名地空虚难受，我就出去走走，走着走着就跑起来了。那时我很喜欢一句话：一个人可以跑得快，一群人可以走得远。我就拉着年轻的创业者们一起跑，城市里不过瘾，就去戈壁、沙漠、原始森林、江河湖海，小跑不过瘾就去马拉松。那些年我挥霍了很多时光，"伤害"了很多钱，庆幸的是没伤害什么人，身体略胖但很结实，还带着创业者朋友们把身体练好了。

跑着跑着，我终于想清楚了我最希望干什么：我从年轻的迷茫跑过来，我想陪伴年轻人跑下去，陪伴他们学习、成长乃至成功；我想和年轻人一起去探索人生的意义是什么，帮助他们走出彷徨、渡河上岸，我应该去做能帮到他们的产品和服务。2018年，我和我的合伙人们再次出发，创造了"橙啦"，逐渐有了考研、考公、出国业务，更有职教、尚书房、家庭教育业务。橙啦现有1086万学员，以帮助年轻人学习成长为使命，读书、跑步是这个公司最重要的企业文化。因为跑步，创业20年，我的头发还在，身体不胖还很结实。

跑步不仅是维系身体健康的手段，也是让我们的生命永

∨ 黄向伟 摄

葆年轻的发动机。我很庆幸自己在早期就加入了教育创新跑团，我在跑团里认识了很多热爱教育和跑步的朋友，大家都觉得跑步让自己的身心年轻起来，能更好地以"空杯"心态追求教育创新。这些教育大佬们的陪伴，不但让我这一路不再孤独，也给了我很多创新求变的激励启发。

我很高兴自己从投资行业重回教育科技领域。教育是我内心真正热爱的事业，它既是个人改变命运的重要途径，也是国之重器。无论外部环境如何变化，都应有有识之士扎根于此，恪守教育初心，秉持长期主义，创造基业长青的教育企业。橙啦的愿景是帮助年轻人学习成长。带着年轻人一起跑步、学习直至实现人生梦想，是我喜欢又擅长的事，能投身这样的事业对我来说是一种幸福。今天在橙啦内部，通过"橙圈"打卡等活动，参加跑步的伙伴们超过了公司总人数的三分之一。我们也建立了小跑团，每年搞一次万米跑。可以说，跑步让橙啦这个团队永葆年轻向上的状态。在这里，我用来自20年创业经历的心得来陪伴、引导学员和创业者；未来，我还想把余生继续奉献给这份事业，全力以赴，只干这一件事。

过去和教培创业者交朋友，在戈壁看星空，在沙漠看晚霞，在江边看蓝天；今天和中国教育的楷模们交朋友，在奥森坚持周跑，每年跑教育马拉松；未来期待去看全球教育图景，跑遍全球大学，建立全球教育行业圈。跑步对我来说，是让生命永葆年轻的发动机，让我一直在路上，一直不停歇。

张爱志，橙啦教育创始人，华夏桃李董事长，北京市海淀区第十届政协委员。

50 岁开始跑步

□ 冯蔚星

> 从最开始看着别人跑,到自己去参与,再到感召身边人一起运动,我在榜样的鼓舞下,获得了超乎自己想象的改变。

加入教育创新跑团后,我从一个学生时代跑 100 米就上气不接下气、体测 800 米直接要命,走上工作岗位后几乎很少走路、没有任何运动习惯的人,变成了别人口中"年逾五十还热爱跑步、拥有自律人生、更加自信"的"冯女士"。

我和教育创新跑团的缘分起始于 2019 年 10 月份在珠海举办的一次教育装备展的晚宴上。当时一群人热烈地讨论着要去海边跑步,我心想:"太疯狂了吧!这群教育界的名人可真能'胡闹'!居然还有这样一群人存在!"出于好奇,我凑热闹加入了跑团微信群。就这样,我 50 岁后的生活习惯彻底改变,可以说是"生命旅程的再出发"。

克服畏难情绪

加入跑团群后,看到各位团友每日坚持运动打卡、晒跑步成绩,说心里不羡慕是假的,但是让我跟着他们一起跑起来,那是不可能的。于是"运动无能"的我就一直在微信群里"潜水",直到疫情爆发,居家实在无聊,我才在家附近试着跑了100米,还因为体力不足而放弃。

让我鼓起勇气真正开始跑步的,是一篇名为《263展视互动牛登林:跑步和创业都是一场修行》的文章。文章描述了牛登林从小白到大神的跑步历程,让我这颗畏难的心再次升起希望:他不也是十几年来从没有规律运动?他不也是从来没接受过专业训练?好像他以前还老生病,我至少没有身体不舒服,或许我真的可以试一试?

在内心挣扎一番后,我终于在从没发过言的跑团群里发出了第一条信息:"大家好,请问如何才能下载手机跑步软件?"刚发完我就有点后悔,担心被群友笑话或忽视,甚至想撤回信息,好在跑团秘书长小川迅速"捕捉"到了我。他极其热情负责,从如何下载跑步软件到解释各种跑步术语,即使我的问题再多、再初级,他也能耐心传授。就这样,我这个典型的跑步差生在启蒙老师小川手把手的帮助下,开始踏上了跑步这条路。

踮起脚摘苹果

开始跑步之后,我基本上维持在一周跑 3 次、每次 3 公里的程度。跑团要求每个人报月度跑步目标,我一直报的都是月跑 30 公里。即便大家笑称我为"千年老三",我也很享受地待在舒适区。就这样我"躺平"了一段时间,直到被团长黄向伟发现:"你是不是可以再努力一下,不如一个月跑 50 公里,怎么样?"

虽然内心对自己不自信,可是团长发话了,我还是得勉力一试!没想到这一试让我发现,原来我也可以完成 50 公里!从那之后,我的月度跑步目标就正式迈上了 50 公里的台阶。而且随着时间增长,我也逐渐对自己提高了要求。有次周末回顺义,我从家里跑到罗马湖再折返,总跑量 10 公里。中途我感到左脚有点疼痛,想放弃,但想到群里那么多朋友日复一日地跑 10 公里、20 公里,他们遇到的困难不比我少,于是我不断鼓励自己一定要坚持下去。回到家里的那一刻,我体会到久违的发自心底的喜悦,恨不得振臂高呼:让我们一起跑步,成为更优秀的自己吧!

这一次次的自我进阶,离不开团长黄向伟的引导。如果不是他留心观察我的实际情况,给我一颗"月跑 50 公里"这样踮起脚就能够着的"苹果",我可能永远也不会有这样的人生体验。重要的是,团长并没有提出我达不到的速度要求,只要我做跑步距离上的累积,且只需跟自己比。这样的科学方式不仅帮助我从 30 公里进阶到 50 公里,增强了身体机能,而且让我的心态也变得更加积极。

生命影响着生命

成长的道路上离不开榜样的力量,跑步也是。跑团的团友们就是我的榜样。记得 2022 年和大家一起爬香山,这群人简直是在跑山,不是爬山!他们不像我的同龄人,更像是一群生龙活虎的"00 后"。跑团的厉害人物很多,像杨丹主任一样每天雷打不动 5 点起床跑步 10 公里的人不胜枚举,这些跑步大神的事迹都激励着我不断进步。

而我坚持跑步这件事,也逐渐影响了我的家人、同事。我家先生不仅在跑步这件事上佩服、支持我,而且自己也开始注意控制体重;我的同事们也从不运动到动起来。我想,哪怕每天就做一个仰卧起坐,或跳 500 个绳,或散步 10 分钟,只要有改变、有坚持,时间就会显现出它的力量。

从最开始看着别人跑,到自己去参与,再到感召身边人一起运动,我在榜样的鼓舞下,已经获得了超乎自己想象的改变。我想,这就是生命影响生命的过程,也是终身教育的奥秘吧。

∨ 李晶 摄

轻舟已过万重山

一年中三分之一的日子里，我都会在外出差。团友们在祖国的心脏跑，我就在祖国的各条血管上跑。所以我的行李箱里总会留出跑鞋和运动服的位置。别人不理解：即便是在耗费心神的出差途中，跑步也这么让人欲罢不能吗？但对我来说，用脚步丈量一座城市，与坐在车上走马观花，是完全不一样的感受。

跑步时，熟悉的、不熟悉的城市在脚下都变得亲切起来：我跑过福州的街心花园，路过那些述说着历史的老房子；跑过曾厝垵的海边，看着阳光暖暖地洒在海面；还跑过哈尔滨松花江边的小路、内蒙古的草原、济南的趵突泉、青岛的八大关、南宁的南湖、北京颐和园的长堤……。其中，我最喜欢在漓江边跑步——如画的山水缓缓展开，人在画中，心如花开。

跑步不仅给我的出差旅途增加了乐趣，也让我的作息更加规律，精气神更好，人也更自律、自信了。对我来说，跑步现在已成为一种生活方式。我既不会在跑步上寄托过大的期望，也不把它当作某种工具，我只跟自己比，"向前看，长路漫漫亦灿灿"！

冯蔚星，北京晓羊科技集团有限公司副总裁。

从体育差生到跑步教练

□ 公平

> 实事求是地制定目标,采用科学训练方法,实事求是地量力而行,才能"健康跑到 80 岁"。

从零开始

我在学生期间的体育成绩很差,800 米、1500 米跑步,很难达到体育课要求的合格标准。工作之后,为了缓解长期用电脑工作带来的颈椎疼痛,我偶尔会去游泳、打羽毛球、上瑜伽课。40 岁之后,忽然有一天,忍受不了自己日渐笨拙的动作和臃肿的身材,我开始跑步。

有一本书叫《爱上跑步的 13 周》,里面推荐的跑步训练计划,可以让一个零跑步基础的人,用 13 周时间,走跑结合达到能跑 10 公里的水平。2014 年夏天,我按照这个训练计划,开始跑步。

从气喘吁吁地跑 100 米、走 100 米开始，我通过跑走结合，第一次完成了 1 公里。我还记得那天在学校的操场上，我在最外圈，默默地、艰难地一步一步挪动微胖的身体，年轻的学生们轻快地超过我，午后的阳光照射在我的脸上，很热，有汗。

两个月之后，能够跑走结合完成 3 公里。半年之后，能够连续不停地慢跑 5 公里。2016 年，我参加了人生的第一场马拉松比赛——北京马拉松，用时 5 小时 58 分。

成为资深跑者

无论是跑步还是其他运动，只有热情或者毅力是不够的，还需要掌握科学的训练方法，才能跑得健康、跑得持久。2018 年，我参加了佳明跑步教练训练营，系统地学习了跑步技术、体能、力量相关的科学训练方法，获得了"佳明跑步教练"认证。

现在，我平时的主要运动有路跑、越野跑、体能力量训练。目前每个月的跑量是 150—200 公里。每年的目标是参加一两个全马比赛、参加一两个 50 公里左右的越野赛。我希望通过跑步获得健康的身体、充沛的体能。个人目标是健康跑到 80 岁。

"一个人跑得远，一群人跑得久。"运动需要一定的氛围带动，加入组织是必需的。教育创新跑团、北师大的京狮跑团、V越野训练营、漫健身训练营,是比较高质量的跑团。跑友们每月制定跑步计划、每次跑步后打卡,还会互相点赞和鼓励,这些都是我跑步运动前迈出家门的力量源泉。

健康跑到 80 岁

做任何一件事,都要有明确的理念和原则,否则很容易变得功利,忘了为何出发。跑步运动也是一样。

在每次比赛前,根据预期的比赛成绩,我会制定一个详细的训练计划,内容包括轻松跑、乳酸阈值跑、间歇跑以及长距离跑。除了跑步,我还会安排臀腿、足踝、核心等部位的强化训练,以提高肌肉力量、整体协调性、关节灵活性,避免跑步受伤。

我的跑步运动原则是佛系目标、科学训练、弹性执行。

首先,佛系目标,是指设定目标时,不盲目攀比,不追求不适合自己的速度、跑量、成绩。大多数非专业运动员跑步的目的都是为了追求健康,我也不例外。我跑步最初几年的目标是:每年的全马成绩保持在555(5小时55分)。这是一个被教练"鄙视"的成绩,但我乐此不疲地用它作为好几年的年度目标。其实,如果能够进行科学系统的训练,维持每年全马成绩稳定不进步,也是很难的(大多数情况下,成绩都会提升)。

佚名 摄

　　佛系目标的好处是，它让我有一个比较松弛的心态，让跑步或者说运动，真正成为生活的一部分。它不是短期冲刺要达成的功利目标，毕竟我的目标是健康跑到 80 岁。

　　其次，科学训练，是指在进行跑步或其他运动时，要运用科学的原理和方法进行训练，不能基于自己的人生经验，尤其是几十年前的跑步运动经验。要与时俱进，系统学习跑步技术、跑步体能、跑步力量等方面的知识；要采用先进的设备，监控心率、步频、步幅、左右均衡等跑步相关数据，监控心率变异性、最大摄氧量等运动表现数据，监控睡眠、压力等健康数据，及时调整训练计划。

在跑步技术方面，要避免内外八字跑、坐着/脚拖地跑以及步频低、大跨步、左右晃动不平衡、上下弹跳振幅大等错误跑姿。

在跑步体能方面，不能一直用一个速度轻松跑，要适当穿插间歇跑和长距离，才能得到提升。

在跑步力量方面，除了日常的深蹲、卷腹、平板支撑等基本训练，还要多进行针对单侧发力的训练动作，如箭步蹲、保加利亚深蹲、俄罗斯转体等。在力量训练时，用波速球、平衡板、弹力带辅助，可以达到更好的训练效果。

科学的训练计划，可以让相关肌肉力量变强、左右肌肉变均衡，更高效地达成训练目标。

最后，弹性执行，是指在执行训练计划时，不较劲、实事求是地弹性执行，不追求100%完成计划，只追求每次训练达到最好的训练效果。如果工作太忙了，没时间训练，没关系，好好休息恢复体力是最重要的。如果某天很累，训练计划压力很大，没关系，跑1公里就好。要记住，休息也是训练的一部分。对于没有完成的计划，不需要"补作业"，就当已经训练过，不要让自己有任何心理压力。每次训练时，只需要完成当天的课表就好。如果当天的训练计划执行了80%，就要给自己点赞。每达成一个阶段小目标，要奖励自己，一根糖葫芦、一顿炒面片、一件跑步装备，都会给自己的跑步训练带来小小的乐趣。

这样弹性地执行计划，计划的完成度、完成质量反而都比较好。

要知道，绝大多数计划，都很难100%完成。如果太过苛责自己，追求完美，因为没有完成计划而否定自己，进而放弃了跑步，就得不偿失了。

佛系目标、科学训练、弹性执行，底层的理念是"关注本质、实事求是"。

跑步，是为了追求健康。在追求健康的大方向下，实事求是地制定目标，采用科学训练方法，实事求是地量力而行，才能"健康跑到80岁"。

人生，就是一场长跑。我们追求人生的意义，不必在乎起点高低，不必在乎开始的年龄，不必在乎别人的快慢。只要大的方向正确，实事求是地制定目标、遵循规律，采用正确的方式方法，尽最大努力去执行，终会有收获。

公平，CSTEM跨学科课程教材副主编，培识教育创始人，马拉松、越野跑爱好者。

跑步是一种生活方式

□ 张建生

> 跑步不仅仅是一项良好的健身运动,更是锻炼自强不息精神的好方法,不仅带给我愉悦的感受,还治愈了我的顽疾。

人到中年,不知不觉体重居然上升到 170 斤,臃肿得连弯腰都觉得累。尝试各种方法减肥均以失败告终后,没想到最后是跑步这个司空见惯的运动,让我 6 个月减掉了 30 斤!

我的跑步生涯起始于 2018 年。一个偶然的机会,遇到了北京四中网校的黄向伟校长。从握手的力度、举手投足的动作上,能明显感觉到比我大好几岁的他身体非常强壮。我就很好奇地询问他是如何保持这么好状态的,他很轻松地回答:我在跑步!

我有些疑惑:不就是跑步吗,怎么能带来这么些好处呢?黄校长直接告诉我,周末可以来奥森试着跑一次。说到做到,在接下来的那个周日早晨 7 点,我准时出现在奥森南园,如约见到了黄校长，原来他是一个教育跑团的团长。当时跑团的人数还不多，那天去跑的也就五六个人，但个个身手不凡，有跑过半马的、全马的，还有玩铁人三项的、跑越野赛的。我有点胆怯了，我可是一个全新的跑步小白，能跟得上趟儿吗？而且我当时胖得有点臃肿，体重170多斤，快走都喘，何况还得跟着这么强的团队跑，岂不是自不量力吗？

那天跑了两公里，我就有点上气不接下气。黄团长在边上陪跑并一直鼓励我：慢慢来，不要着急，步幅小点，可以加快点步频，每个人刚开始跑时都这个样子。为了避免拖跑团的后腿，第二周我开始尝试5公里，虽然有点吃力，但在团队的带动下居然跑下来了！跑团的氛围带动感真的很强大，看着大家都在量力而跑的前提下一步步挑战自我，我的劲头也越来越足了。在团长和跑友的鼓励下，第三周我就开始挑战10公里了，由于进步较快，团长还给我起了一个响亮的名字：小飞侠！

接下来，基本上每周我都选择跑10公里，配速在630左右；经过大约一个半月后就开始挑战15公里，偶尔跟着跑神们拉一两次20公里。记得第一次跑完20公里后，腿就不听使唤了，每走一步都酸胀难受。这时，黄团长告诉我：这种状况初跑者大多数都会经历，需要注意的是跑前要充分热身，跑后要耐心拉伸，过一段时间就好了。有了团长的这番指导，我就更加有底了，心想：跑就完了。

接下来便是一发不可收：我开始尝试跑半马、越野赛，配速也慢慢提了上来，最让我吃惊的是：开始跑步短短6个月，我居然减重30斤。这让一直苦恼于减重之难的我惊喜不已！

这些年，我基本上每年能跑1000公里以上，截止到写稿日期，我的累计跑量已达4547.36公里，总时长487.7小时，跑步已然成了我的一种生活习惯。

一路走来，我的跑步过程大致经历了以下三个阶段：

首先是新奇的小白阶段。

刚刚开始跑步，觉得什么都新奇，什么配速、心率、PB等等，天天在学新知识，掌握新技能，也为每次刷新挑战记录而兴奋不已。那个时候的状态就是：只要有机会，就积极参加各种跑步活动。没想到，对跑步居然渐渐"上瘾"了。

其次是疯狂的追赶阶段。

经过一段时间的训练后，我感觉自己无论是配速还是跑量都提升上来了，于是开始参加"阅跑四大名著"越野赛、延庆半程马拉松、"育见未来"半程马拉松、唐山国际马拉松等大型赛事。

"育见未来"中国教育半程马拉松赛是带给我快乐最多的一场比赛。因为参赛的队友中熟人很多，我们跑步时成群结队、有说有笑，还不时停下来享受一下内容丰富的补给美食，没感觉特别累就跑完了。

而真正让我感到痛苦的是唐山的全马。由于参赛经验不足，我一开跑就跟着530组的"兔子"（按照规定时间完赛以帮助选手配速的配速员）狂奔，跑到十多公里后就明显感觉有点喘。后来就调整配速，选择了慢跑，但到20公里就觉得体力有点不支，开始慢慢跑，到了30公里实在跑不动了，直接变成走了，腿疼痛难忍。我琢磨着直接弃赛算了。正在我犹豫不决之时，身边跑过雄赳赳气昂昂的四个大爷，迈着轻松矫健的步伐稳稳当当地往前跑。那一幕彻底引爆了我，我马上起步跟随向前，心想：既然选择了参赛，就是爬也得爬到终点线！跟着大爷们的节奏跑了大约5公里，我慢慢适应了，在最后5公里甚至还超越了一大批跑友，等到终点站，还冲刺了一把。被人群中的欢呼声、呐喊声淹没的瞬间，我突然对"不断超越自我，没什么不可能"有了切身的体验。

这也许就是跑步的意义所在，它不仅仅是一项良好的健身运动，更是锻炼自强不息精神的好方法！

最后是淡定的悠闲阶段。

经历过疯狂的赛事活动后，突然间漫长的疫情期开始了，每周一次的奥森跑步都有些困难。在居家办公的日子里，我选择了各种跑步"姿势"：小区内部转圈、家里各个房间来回转、训练毯上原地跑——最后还是买了跑步机，基本上解决了跑步的问题。从 2018 年到现在，只有在 2020 年 4 月份停跑过一周，其余时间我都坚持每周至少跑一次。

如今，我已不再受配速、步频、里程、赛事等干扰，跑步对我来说就只是一个简简单单的事情，这使我每次跑步都格外轻松，也不会在意类似"配速不高呀""跑量一般呀""没跑几个全马啊"的评价。想跑的时候随时跑，累的时候也可以偷懒一两次；能量足的时候就快点跑，比较累的时候就慢点颠儿；实在跑不动的时候，改为走也未尝不可：一旦明白了普通人跑步的真正目的并不是参加没完没了的各项比赛，就不再会为所谓的成绩、荣誉和 PB 所累。

其实，跑步并不难，贵在坚持。有时天气不好了（夏天闷热和下雨时、冬天刮风和下雪时），真想找点借口就不去跑了。犹豫之际，想到村上春树说的"今天不想跑，所以才去跑"，立马活血满满穿上跑鞋，投入"水深火热"的跑步中去。大汗淋漓地跑完后，感受到那种愉悦和舒爽，觉得跑步真的很好！

跑步不仅带给我愉悦的感受，还治愈了我的一个顽疾。我以前偶尔有眩晕的经历，特别是每到秋冬换季时，总有一段时间莫名其妙地瞬时眩晕，跑了很多医院也没检查出什么结果，怀疑是久坐疲劳过度、颈椎压迫脑神经所致。而自从参加跑团之后，这个症状就奇迹般地消失了。

∨ 佚名 摄

　　现在回想起来，真的要感谢把我引到这条路上的人，感谢五年来一直持续陪伴的跑友们，我会一直跑，不停歇，跑到跑不动的那一天！

张建生，教育创新跑团资深团员。

行至绝境再重生

□ 黄良进

> 多数人的起跑线相差无几，真正拉开距离的，不是绝对实力，而是面对绝境时的态度，以及迸发出来的意志力。逆境不是让我们破产，而是破纪录。

作为一名跑者，我曾经无数次参加过马拉松和越野跑比赛，甚至挑战过 330 公里越野跑这样的超极限赛事，但没有哪场比赛像今年的"沙 11"（第十一届亚太地区商学院沙漠挑战赛）一样惊心动魄，让我刻骨难忘。

一

2023 年"五一"期间，我代表北师大经管学院第三次参加亚沙赛。我是超 A 组队员，即将征战的是全沙漠地形。第一天 39 公里，第二天 45 公里，第三天 15 公里，三天累计 99 公里，报名时我就已经做好了面对各种艰难的心理准备。赛制要求必须组队参赛，同组队员必须共进退。如果队内有一人退赛，那么其他队员也一同丧失继续比赛的资格。

我与来自上海某财经院校的女选手梅和北师大年轻选手风一起组成了男女混合队。风是我熟悉的北师大队友，年轻、敢拼、力量足、技术强，跑起来真的就像风一样快。我们曾多次一起训练，彼此之间有着一些默契。梅则来自我一位"沙友"的推荐，这场高强度、高难度的"双高"赛事对她来说，是一个不小的挑战。

"跟着老黄，绝对没问题！"我还记得沙友郑重地将梅交给我时，对我充满期待与信任的眼神。"亚沙一次，沙友一生"，我与那位沙友在赛道上结下的友谊坚固而深厚。我知她不会随意托付，她亦信我定能说到做到。

二

我是一位超级越野跑者，数次征战百公里以上的超长距离越野赛，也曾经跑过三次沙漠越野。

山野是自然和让人放松的：有天、有地、有沟壑、有森林，山脚下还有炊烟缭绕的田园人家。有时你能看到滔滔江河湖水或是在深林中若隐若现的汩汩溪流，有时你能看到满山遍野的灿漫山花。山野总是充满着流动的生机，总能给疲惫的跑者以慰藉。山野之中自由自在的奔跑，让我内心升腾起对生命无限张力的感叹，一次次地跑到自己泪流满面。

　　沙漠则是无限包容的。在沙漠中，你不必感叹人类之渺小、生命之脆弱；你也不必不断拷问内心、质疑自己。只要你做足准备，便可以充分享受沙漠。沙子很细、很软，也很暖，你不用害怕跌倒摔伤。我曾在沙漠越野中经历过下雪，当白雪覆盖住沙面，一望无际的金黄成为绵延不绝的洁白，那一瞬间仿佛置身圣洁的童话世界，整个世界都变得纯净安宁。那时你会感到自由，一种从躯壳到灵魂、通透舒畅的自由与放松。

　　因此，我特别期待我的这场超长距离沙漠挑战赛，也一直在为这场赛事做最精心的准备。我一想到广袤的金色沙漠，内心就开始莫名兴奋，憋着一股劲，时刻等待爆发，这种劲头一直保持到开赛。

三

　　第一天，赛程39公里。当天风和日丽，整个过程显得风平浪静。我们首日旗开得胜，提前一个半小时冲线，这让我们信心满满。

　　然而，意外和明天同时到来。

　　第二天，赛程45公里，10小时关门。经过一夜休整，我和风的体能已基本恢复，梅的状况看起来似乎也不错。我们迎着初升的太阳，再次出发。出发不久我就发现，梅的行进速度明显下降，无论她怎么努力，都无法在松软的沙地上跑起来。这是因为赛前训练不足，第一天的赛程消耗了双腿的力量，梅无法抬腿奔跑，只能深一脚浅一脚地努力行走。我的心"咯噔"一下，深感不妙。如果跑不起来，那么我们很难在10小时内完成45公里的挑战。一旦被"关门"，就意味着我们将随时终止在本届亚沙赛上的挑战。尽管我对可能的各种状况都有过考虑，但如果最糟糕的结果出现了，我真的能坦然面对并接受这一事实吗？我的年轻队友风是否能接受呢？

此时此刻，沙漠正在阳光的照射下金光闪闪——如果没有比赛，这样的景象该是何等浪漫！

风的神情如同这形势一样严峻，我们都知道完赛对我们来说至关重要。"绝对不能被关门。"我心里这样想着，又看了看风，知道他跟我想法一样。我又回头看了看梅，她也试图奔跑起来，可是每次抬腿都无法让自己提速，她脸上的表情十分无奈。我们在途中被关门的风险在一点点加大。

"放心！我们的妹子肯定不会放弃！"耳边响起了沙友将梅托付于我时说的这句坚定的话。现实已经退无可退，从我们决定组队的那一刻起，我们就是一个团队、一个命运共同体了，于是我和风便开始硬拽着梅往前跑。

∨ 周海兰 摄

我们是在阶段关门时间点的边缘抵达CP13打卡点的,进站打卡时已明显超时,但裁判并没有强制我们退赛。那可太好了,只要组委会不撤掉线路标志,只要不强制我们上收容车,我们就会坚持干到底。

四

再次出发时,风已经率先冲出了站,这是我们共同的决定。我和梅都很理解他,在之前的赛段中,他已经做了所有他能做的。他对梅的关切与帮助,并不输于我。只是面临绝境,我们需要有更为现实的选择。

中午时分，沙漠里的温度已升至 30 多度。此时我已经不再考虑完赛成绩，只有一个念头：干到底！绝不给自己留遗憾。

这一次，我想采取"人盯人"的"拖拉机战术"。这样，或许我能够稍稍带动她，而她也不至于因为落后太多而失去信心，但赛前未痊愈的肩伤让我不敢轻易伸手。收容车就一直游走在我们身后，我有些着急，脚步不知不觉快了些；但一回头，发现她又被落下了数十米，我赶紧放慢脚步。我不是一个人，我必须带着队友安全完赛。我沉住气，调整了步伐。我们两人在黄沙和烈日的炙烤下，一前一后沉默地坚持着。收容车上的裁判数次询问我们是否退赛上车，但一次次被我们拒绝。

人生不就是这样吗？既然避不开，那就扛住。在自己力所能及的范围内，把事情做到最好。不管怎样，我们都还在路上，我们还有希望，不是吗？

进入赛道最后一个打卡点，距离终点还有 5 公里，时间也仅剩 1 小时。——我们可以吗？梅已经很久没有说话了，我知道她的体能已经被严重消耗。我看了看表，在脑中回忆了下赛道线路，意识到假如我们避开沙漠地形，找到相对能轻松跑起来的硬路面，完赛应该不成问题。我于是带着梅一路走，一路寻找通向终点的硬路面。

"黄老师,您拽着我跑,我不想在终点线留下遗憾。"

——当然不能留下遗憾!这是她的顽强,也是我的信念。团队作战,一人输,就全输。如果放弃她,就算我保全了我的个人成绩,那对我来说也是不能接受的结果。因为,履行对朋友的承诺,是我唯一的选择。

"好,既然你有这个决心,那咱们就拼到底。"我回应她。

此时,我已经找到了硬路面,抄起她的手,就开始向终点方向狂奔。我把我俩的沙杖扔给了在途中拍照的沙友,再次握紧梅的手,全速前进。1公里、2公里,还剩最后3公里了!她的手一次次快要滑脱,我便一次次握紧她。

"黄老师,我实在跑不动,我不想跑了,您自己去冲线吧!"她带着哭腔,濒临崩溃。

一股热流涌上我的眼眶,我不顾一切地吼着:"这不可能!我们都已经拼到这里了!我不可能扔下你不管!"

"黄老师,不要管我!您不要管我!您去冲线!"

"没得选!今天就是死,也要一起死在终点线!"

对我们来说,只要我们自己不放弃,一切皆有可能!

我紧紧拽住她,手松易滑,就紧紧钳住她的手腕。任凭她如何想要挣脱,我都不松开。最后冲刺前,是一段沙坡,400米,还有最后4分钟。4分钟啊!这是我跑步以来面对的最艰辛、最煎熬的4分钟。

我奋力拖着她。我的大脑一片空白，身体就像一台高速运转到极限、冒着白烟的发动机一般，剧烈抖动着浑身上下所有的零件以不辱使命。

就在比赛关门前的两分钟，我们胜利冲线了！我们相拥而泣。我们没有被淘汰，我们胜利了，我们成功地挽救了自己！

这无异于一个奇迹，是面对绝境之后重生的奇迹，也是我们用实实在在的坚韧与毅力创造出的现实。

在终点，我看到了早已提前到达的风，看到他投来的焦虑、期盼的眼神，也看到了他的愧疚和自责。他似乎想要说些什么，我回应了一个坚定的眼神给他，说了一句"咱们今天胜利完赛了"。这个眼神、这句话，就是要告诉他，比赛还未结束，我们依旧是一个团队。

最后一日，最后15公里。我们全程一直在一起，竭尽全力拼到终点，成功完赛。我们保住了超A的尊严和荣誉，也最终取得了混合组第四名的成绩，站上了金色沙漠的点将台接受颁奖。

此次沙漠之行，我们做到了全力以赴、无怨无悔。

"事情发生的好坏不重要，重要的是我们的看法、想法和做法。"这是我的一位老师曾经给我的一句赠言。当我好几次在超长距离越野赛遇到艰难坎坷时，这句话给了我无穷的力量，让我能够转念奋起，拼搏到完成挑战。

人生不如意者十之八九。多数人的起跑线相差无几，真正拉开距离的，不是绝对实力，而是面对绝境时的态度，以及迸发出来的意志力。逆境不是让我们破产，而是破纪录，去创造生命的奇迹，让自己再次重生。

没有谁能放弃我们，除了我们自己！

黄良进，马拉松跑者、超级越野跑者，运动与健康教练，北京师范大学经济与工商管理学院MBA教育中心原主任。